U0111726

大展好書　好書大展
品嘗好書　冠群可期

少林功夫⑦

少林棍法大全

德虔　德炎　編著

大展出版社有限公司

前 言

>>>>>>>>>>>>>>>>>>>>>>>>>>>>>>>>>>

　　少林棍術在少林功夫中佔有很重要的地位，素有「棍爲少林功夫之魁」之說。

　　少林棍術始起北魏，揚名於唐，發展於宋，極盛於元、明，衰落於清，至今有1400多年的歷史。少林棍術是少林寺歷代眾僧爲健身抗獸而創，廣泛吸收其他門派棍法精華，經過長期艱苦磨練，不斷革新，逐漸發展起來的棍棒功夫。

3

　　歷代武僧大都以棍棒武技而顯威揚名，如唐代武德四年（公元621年）的曇宗、志操等十三僧，宋代的成邊將軍惠威，元末的燒火僧緊那羅，明代的拒寇英雄月空，清代的湛德，民國的恆林，近代的猴棍大師德根等，都以超群的棍技，爲國平寇，爲民除害，在歷史上傳爲佳話。

　　故少林棍術在歷代寺僧和武林界均有很大影響，練棍技和考棍術者甚多，明代著名的武術家程沖斗著的《少林棍法闡宗》和《少林棍法秘傳》，上海體育學院教授、中國武協副主席蔡龍雲先生所著的《少林

拳棒闡宗》等都是少林棍法的珍著。

少林棍術歷史悠久，內容豐富，棍技奇特，獨具一格，深受海外武術愛好者歡迎。特別是近幾年來，不遠萬里來少林寺學棍技的國外學者，絡繹不絕，來函求藝者數以萬計。

為了滿足海內外武術愛好者的需要，現將少林寺著名武僧永祥和尚在焚寺前撰寫的「少林棍法秘譜」整理編寫出版，供讀者參考。

本書不僅闡述了少林棍法源淵、特點和具體練法及歷代武僧練棍秘訣，而且還公開了33套棍法秘譜，特別對12套優秀棍術套路詳細作了分析，並附有示範圖，標有動作路線，易學易練。

由於時間短促，學識水準有限，書中不當之處難免，請讀者批評指正。

編著者

目　錄

>>

7

第一章

少林棍術概論

>>>>>>>>>>>>>>>>>>>>>>>>>>>>>>

第一節　少林棍術源流

少林棍術是少林武術的重要組成部分。據少林拳譜和少林武僧錄記載，始於北魏，興於唐宋，盛於明，距今有一千多年的歷史。

武德四年（公元 621 年）秦王李世民與鄭王王世充在東都交戰，關鍵時刻，少林寺以曇宗、志操等率領十三武僧騎馬揮棍，在呃岑口伏擊，打敗鄭軍，得世民嘉獎。元末，燒火僧緊那羅在紅巾軍路經嵩山時，持一根燒火棍，騰雲展技，擊退紅巾大軍。此傳說雖然荒謬，但可知其棍術之強，武藝之高。

自此，眾僧多練棍術，精研其技，套路逐增，繼入明代，棍法仍盛。如智善和尚的棍術，技藝高超亦可獨棍勝百強，孤杆戰百刀，後因性暴同師兄弟不和而出山，遠走中國西北，到各省遊方收徒傳藝。

在甘肅臨夏市郊有座純堂，他傳宗少林棍術的齊天廟，立有石碑，主要記述了他在臨夏一帶傳授少林棍術的事蹟，

後人稱天齊棍，一直流傳到今天。天齊棍、達摩棍，還廣泛流傳在內蒙古、青海、甘肅、新疆等。

萬曆甲寅年春，少林武術家程沖斗著的《少林棍法闡宗》，記敘了寺僧常練小夜叉棍、大夜叉棍、破棍等招勢和圖解，還有他寫的《少林棍法秘傳》記載了大夜叉一路棍術和少林俞家棍對練的招法，為繼承和發揚少林棍術作出了不可磨滅的貢獻。

入清後，少林武術逐漸衰落，武僧多在深夜練功，但棍術未失傳，如湛德和尚把大夜叉棍、六合棍、眉齊棍等都傳授給了弟子。

民國年間，雖然軍閥石友三在 1928 年火焚少林，燒盡了拳譜，但不少著名武僧如貞俊、恆林、貞緒等都很重視棍術，先後把齊眉棍、五虎群羊棍、六合棍、八仙棍、風火棍傳給了弟子，猿猴棒、猴棍、白蛇棍等傳給眾徒，人而流傳至今。

中華人民共和國成立後，隨著古剎少林的復修，少林武術如雨後春筍，得到蓬勃的發展，特別是 1982 年 12 月，國家體委在北京召開了全國武術工作會議，頒發了「挖掘、整理、普及、提高」的八字方針，在登封縣體委的關懷下，少林寺於 1982 年 3 月成立「少林寺武術挖掘整理小組」，方丈德禪大和尚任組長，領導眾僧和皈依弟子積極投入少林寺武術的挖掘整理工作。

經過 7 年時間，挽救了大部分將要失傳的棍術套路，如大夜叉棍、小夜叉棍、齊眉棍、劈山棍、上盤八仙棍、破棍夜叉陰手棍、六合棍、猿猴棍、五虎群羊棍、少林俞家棍、旋風棍、細女穿線棍、流星棍、大聖棍、梅花棍、飛龍棍、

單盤龍棍等 30 餘個套路，使少林棍術復春再盛。

今日少林寺內年輕僧人和縣體委十餘名武術教練及社會上的百餘名武術精英，都在為繼承與發揚少林棍術及其它傳統兵器而加倍努力地演練和提高技藝，使之能夠趕超前人。

第二節　少林棍術的特點

少林棍具有樸實無華，架勢險，「一條線上打一片，舞花護身密如雨，前進戳棍如槍穿」的特點。棍譜曰：「棍打一大片，槍紮一條線」這句名言，明確地區別了棍術和槍術的特點。而少林棍術因歷代出於護院和應詔征戰殺敵，保衛國防之戰急，所以在套路中招招勢勢，只講實戰效果，不講外形美觀。

少林棍在技法上以打、挑、劈、攔、撩、紮、戳、架、掃、刺、砸、壓、旋、翻、絞、搏、搗、舞等，此十八法為基本法招。

在練法上以臂力為主，即甩棍、輪棍、劈棍、搗棍、刺棍等，多次練翻身、跳躍和舞花。

少林棍在用法上，以實戰為標，進前以刺棍，猛而狠、疾而準；左右善攔打，如就驟起風向後退，多用棍根搗；如就倒穿梭，向下打，多用劈壓砸；下反上多用挑、崩法，卸步轉身走，棍貼身舞花。

少林棍結構緊嚴凶猛健捷。起如閃，行如龍，收如電，勢如炸雷，變化無窮，攻防兼備，獨具一格。

第三節　少林棍術的內容

少林棍的種類有：大棍、齊眉棍、大梢子棍、梢子棍、手梢子、三節棍、鐵棍等。

1.大棍

長八尺五寸左右。

2.大梢子棍

也稱長梢子棍，長五尺左右，另外連結棍梢（長 1 尺三寸），梢頭和棍尾全用鐵或銅裝箍，方宜加重打擊力量和堅固耐用。

3.齊眉棍

長度不一，以練武者的身材高低，上平眉頭為度。

4.手梢子棍

此是短小的梢子棍，長一尺三寸左右，連接有梢頭，兩手各握一根，也稱雙梢子。

5.三節棍

即用三節短木棍，中間用鐵或銅環連接，棍頭和棍梢全用鐵裝箍。

6.鐵棍

盛行於明代，少林寺僧兵赴東南沿海平擊倭寇，痛擊敵人，見用此器。鐵棍重量大多為 35 斤左右。

另外還有二節棍、大頭棍、隨手棍等。此類均有長處，宜在演練時酌情選用。

少林棍的演練套路很多，尤其是明代十分興盛，寺僧常練的套路多達五十餘套，如齊眉棍、風火棍、燒火棍、齊天

大聖棍、羅王棍、梅花棍、盤龍棍、五虎群羊棍、猿猴棒、
大夜叉、小夜叉、雲陽棍、陰手棍、排棍、破棍、四門棍、
六合棍、六合風裡夜叉棍、天齊棍、達摩棍、六合杆、降妖
梢子棍、鎮山棍、旋風棍、白蛇棍、流星棍、劈山棍、梅花
雙手梢、三節乾坤棍、三節棍進槍、月空神鐵棍、穿梭棍、
細女穿線棍、上沙六回排棍、中沙排棍、下沙排棍、十八點
齊眉棍、少林俞家棍、瘋魔棍、斬手棍、飛龍棍、火燒對練
棍等。

少林棍法大全

14

第二章
少林棍術宗法

▶▶▶▶▶▶▶▶▶▶▶▶▶▶▶▶▶▶▶▶▶▶▶▶▶▶

少林寺歷代武僧在棍術技法方面積累了寶貴的經驗，如棍術的步法、棍術技法、練法等，都具有獨特、用之得效及出棍取勝的擊技秘訣。

第一節　步型和步法

15

一、步型

「拳為諸藝之源」，少林棍術的步型和步法基本與拳術相同，常見的步型有：弓步、馬步、仆步、歇步、虛步、插步、丁字步等。

1. 弓步

前腿屈膝半蹲，全腳著地，足尖微向內扣，使膝部與腳尖垂直，另一條腿蹬直，腳尖順前裡扣，全腳著地，兩腿站形如長弓，亦稱弓箭步。

在棍術中多以上步功敵，如弓步戳棍、弓步劈棍，或者封擋對方來犯之招，如弓步架棍、弓步格棍等。

2. 馬步

兩腳開立,間距略寬於肩(約等於三順腳之長),兩腿屈膝半蹲,兩足尖向前,稍向外張,挺胸塌腰,形如騎馬,故稱馬步。

在棍術中的馬步,主要用於架棍、橫穿棍和側劈棍等,宜防敵之砸棍、戳棍和側戳棍擊對方等。

3. 仆步

一腿屈膝全蹲,全腳著地,足尖向前,使臀部靠近小腿,另一腿仆地伸直,全腳著地,足尖內扣,儘量挺胸。

在棍術中如仆步劈棍、仆步砸棍、仆步雲棍、仆步格棍等,主要用於低勢棍掃、棍劈對方下部。

4. 歇步

兩腿形成插步後屈膝全蹲,前腳全著地,足尖稍向外張,後腳尖著地,使臀部接近後腳小腿,身胸儘量挺直。

在棍術中,如歇步架棍、宜低勢抵擋的劈棍、砸棍、歇步橫戳棍,均宜於低勢用棍側擊對方。

5. 虛步

前腿稍屈,足尖輕浮點地,後腿半蹲,全腳著地,足尖稍斜向前。

在棍術中,如虛步撩棍、虛步架棍、虛步托棍等,都是虛步的架式。虛步是一種短暫的過渡性步型,攻則宜探敵情,得利乘機上步,防則便於退守,此步有著十分重要的戰術意義。

6. 丁字步

兩足併立,一足全腳著地,另一腳尖點地,緊靠於全腳著地一腳的內側,兩腿半蹲,使其腳尖點地的一腳形如丁字

形，故稱丁字步。

在棍術中，丁字步的用法略同於虛步，但卻不像虛步那樣常用。

7. 插步

兩腿呈×形而立，腳尖向前，稍向外張。

在棍術中，如插步戳棍、插步挑棍、插步舞花棍、插步點棍等，多屬轉身性攻防動作，是臨時過渡性步型。

二、步法

《少林拳譜》曰：「定則為型，動則為法」，這是區別步型和步法的準確定義。少林棍術中，常用的步法有跳步、上步、退步、滑步、縱步等。

1. 跳步

抬前腳帶後腳向前跳步。

在棍術中，如跳步戳棍、跳步劈棍等，主要是距敵人稍遠時，搶時機快步向前攻擊對方。

2. 踮步

抬後腳帶前腳向前跳步，兩腳落地後，使前腳仍在前，後腳仍在後。

在棍術中，如踮步戳棍、踮步劈棍等，主要是快步近前攻擊對方。

3. 上步

即抬後腳向前邁步。

在棍術中如上步戳棍、上步撩棍，主要是近前以接近對方，宜利於攻擊對方之有效部位。

4. 退步

即前腳向後腳後方退步。

在棍術中，如退步絞棍、退步格棍等。主要用於因失利而後退，宜避躲對方進攻之招法。

5. 滑步

即不明顯抬腳，而用腳跟踝部的勁力向前附地滑動，既可向前滑，又可向後滑。在棍術中，多宜偷襲急攻時向前滑步，躲避而急退時則用後滑步。

6. 縱步

即向前上方跳步者為縱步。

在棍術中，位處低勢或矮倭時，宜縱步向上，持棍攻擊對方有效部位。

18

第二節　常用技法

少林棍術的基本技法有打、跳、攔、撩、劈、砸、掃、搗、絜、架、刺、旋、壓、橫打、翻打、崩、絞、舞，共十八法，棍譜云：

> 「少林棍術十八法，挑撩掃劈砸搗打，
> 　絜刺旋壓橫打架，翻打崩絞舞十八，
> 　諸法密合手足步，眼望身行出招把，
> 　勁出兩臂源丹田，征服妖魔在割殺。」

1. 握法

以食、中、無名和小指為一側，拇指為另一側，把棍鉗握在手中。要做到緊而易滑，滑而不鬆，易於換把之要求。

2. 打法

雙手握棍由上向下打。

3. 挑法

雙手握棍由下向上挑。

4. 攔法

由外向內攔撥。

5. 撩法

由內向外打，或由前向後、或由後向前撩打。

6. 掃法

雙手握棍，使棍的一端由左向右，或由右向左溜地橫掃，或由前向後掃打一圈。

7. 搗法

雙手握棍豎提，使棍的一端由上向下方或側後下方斜搗。

8. 絮法

雙手握棍體中段，使棍體向上橫推，橫架於頭上方。

9. 刺法

棍經胸前急速向前追刺，或回馬向後追刺。

10. 劈法

雙手握棍由上向下往身體兩側劈打。

11. 砸法

躍步使棍由上向下猛疾砸打。

12. 旋法

即舞花，在轉身變勢或換把時，雙手握棍體中段，順輪或倒輪舞花，以防轉身和變勢中遭敵擊中。

13. 壓法

雙手握棍，用棍體前段由上向下用力下壓，使敵器械下沉。

14. 橫打法

雙手持棍橫擊敵方腰部或側腹部。

15. 翻打法

在交手中，為了適應戰機，轉身翻身的同時舉棍扣打。

16. 戳 法

略同刺法，但銳弱於刺，而勁強當刺，亦盾而剛。

第三節　練棍秘訣

一、練棍總訣

開胸大勢氣聚凶，束身小勢聚精神。
兩腿彎彎通身硬，足尖抓地住上蹬。
前腿虛實好使喚，後腿踏實防推橫。
身法若有真竅道，點罷足尖用實功。
七節八寸要練實，十二節氣要練通。
眼瞪神奕肝氣發，口裂鼻張肺氣張。
唇下背弓發心氣，咬牙根發腎氣通。
面恨威威不輸膽，眉揚眼瞟看得清。
前腿一硬後不沉，力從足下動神情。
後腿一硬前一縱，氣能摧口力即雄。
若要交手先下手，動靜手起肩頭風。
我先出手為急戰，上下左右要走空。

沾手隨地為滑戰，輸贏廉氣硬體通。

二、打法訣語

雙手握棍出勢強，快如放箭飛殺場。
一棍打出二棍防，三棍失防打鼻梁。
向前打白虎攔路，往後打海底抽筋。
向左打轉身捕魚，往右打夜叉分河。
獨出勢玉龍絞柱，為逃命仙人脫衣。
戰群敵一陣旋風，鬧天宮棍乘流星。
折了棍低身溜胛，奪了棍送他回家。

三、少林夜叉六回排棍練訣

夜叉排棍羅王傳，陰手陽手天地旋。
六回招勢法絕妙，下中下希人難防。
一回上殺頭開花，二回中殺取肝膽。
三回下殺斷陰根，四回二郎把山擔。
五回千字娥眉棍，六回沉香棍劈山。

四、夜叉排棍練訣

槍棍丹田一氣催，打棍雙手如閃電。
壓棍兩臂硬如鋼，劈棍呵聲房掉樑。
陰手用於下虛時，陽手勁挑破九陽。
舞花一線似罩網，雲棍翻天降龍王。
泰山壓頂猿束身，回馬棍撥尋印堂。
跳追逃敵莫腳聲，箭棍疾風穿腑房。

五、梢子棍練訣

梢子棍如金剛銷，旋纏腰動隨抬腳。
使出梢子一條龍，一路清風四下行。
上邊打的龍戲水，下邊打的水戲龍。
左右撩甩飛如梭，前後猴跳搔天庭。
一節展開空中走，一節飛舞頭上行。
孤與眾時施旋風，雷閃一片龍騰空。
百招妙術苦功就，亦為少林梢子經。

六、達摩棍法訣

少林達摩棍，出手破天門。
開步內外撥，挑撩散風雲。
調招起舞花，迎敵封纏磕。
劈打掃兩側，法起風火輪。
退使絞腸沙，進使蛇吐信。
應後回馬槍，對側急翻身。
應弱虎撲食，應強溜如雲。
若攻先防備，護體嚴如森。
遇眾破一口，怒施風雷棍。
躍步如流星，亦名羅王陣。
練成此棍法，出世旋乾坤。

七、少林猿猴棒

少林猿猴棒藝奇，緊那羅王獨一枝。
起勢梅鹿揚塵土，防似風雨迷眼珠。

夜叉劈妖砸千斤，左右閃打破千軍。
三里穿雲快如梭，文王拉杆虛含實。
呂布托戟敗式走，踮步打棍突然襲。
猿猴棚樑當千鈞，跳步背棍嚇唬人。
孫聖降妖勇兼智，牛郎擔柴藏唬力。
千斤墜地妖成泥，風掃落葉一剎時。
三絞纏絲碎斷腸，通破元門高一著。
烏龍施風掃千軍，邊打三棒制魔息。
魯班棚天雲霧散，孫聖劈山似雷霹。
上步隔牆似鐵門，轉身劈打破臉皮。
白猴亮棍凱旋歸，猿猴棒法藝卓弟。

八、對練棍訣

一棍二棍三磕把，四棍左右貼腿胯。
五棍卸步要舞花，六棍趕三步崩頭。
七棍撩打挑上下，八棍敗走回馬殺。
九棍橫打亂如麻，十棍絞扣壓來縈。

九、棍術秘訣

棍打一大片，槍縈一條線。
法一把要準，法二打要狠。
法三力要大，法四勁要猛。
法五出棍快，法六收要疾。
法七變要驟，法八技合智。

少林棍法大全

第三章

少林棍譜集錦

一、小夜叉提棍譜

第一路

高四平、進步跨劍、進步騎馬、進步披身、鋪地錦、退步豬龍拱地、偷步四平、推根懸腳梁槍、打一棍椅馬、攪一棍、偷步紮三槍、推通袖、扯披身、進步騎馬、進步跨劍，進步穿袖，進步絞繫打鋪地錦、攪一棍、紮一槍，退回舞花滾身迎轉騎馬、進步跨劍定膝、偷步呂布倒拖戟、進步韓信磨旗、打鋪地錦、攪一棍、紮一槍、退回五花滾身迎轉偷步、磨旗中四平。

第二路

高四平、進步紮三槍、披身、退步拱地、偷步四平、拖槍出迎轉霸王上弓、進右邊披身迎轉靠山、進左邊推根懸腳梁槍、換手打左獻花、換手打右獻花、絞繫進步懸梁槍、絞繫進步左踢一腳、攪一棍、紮一槍、換手撥草尋蛇出、陳香劈華山、換手打朝天一柱香、進步五花滾身打鋪地錦、攪一

棍，紮一槍、退回五花滾身迎轉騎馬、金剛獻鑽、踢一腳、二郎擔山、偷一步、擾一棍、批一棍、撥草尋蛇出、劈山、行者肩挑金箍棒。

第三路

高四平、進步旋風跨劍、滾身鋪地錦、回轉滾身鋪地錦、回轉五花騎馬、左轉進步打滿天棚不漏風、燕子啄水、右轉回打遮天不漏雨、右邊、邊叉、左轉打滿天棚不漏風、左邊燕子啄水、右轉回打遮天不漏雨、後邊、邊叉、踢一腳、四平、進步騎馬、進步跨劍、進步穿袖、仙人大坐、紮一槍、滾身鋪地錦、攪一棍、紮一槍、滾身出迎轉倒拖荊棘不留門。

二、大夜叉棍譜

高四平、進步紮三槍、披身、拱地、拖槍出迎轉金雞獨立、進步騎馬、退步推坐洞、紮一槍、滾身打鋪地錦、攪一棍、紮一槍、仙人過橋坐洞，進步推騎馬、進步換手打撒花蓋頂、回轉換手、懸腳梁槍、回轉邊叉、進步撩手、跨劍、滾身鋪地錦、進步迎轉獨立、進步騎馬、換手打撒花蓋頂、迎轉換手、懸腳梁槍、迎轉邊叉、進步撩手跨劍、滾身打鋪地錦、攪一棍、紮一槍、進步滾身鋪地錦、攪一棍、紮一槍、二郎擔山出、坐洞、迎轉二起腳、攪一棍、紮一槍、剪步出群攔、披身四平。

三、陰手棍譜

高四平，進步紮三槍，進步披身、拱地、安捧定膝，拖

槍換陰手、背弓迎轉金雞獨立、定膝推二棍、進二步、踢一腳、退一步、打古樹盤根、背弓打一棍、紮一槍、踢一腳、進一步、打枯樹盤根、背弓退出迎轉坐洞、偷步滾身四平、推二棍、進二步、陰挽手、推二棍、進二步、紮一槍、五花出迎轉騎馬、推二棍、進二步、大梁槍、推二棍、進二步、紮一槍、棍根打披身、推二棍、進二步、紮一槍、進步打跌膝、迎轉滾身四平、推二棍、進二步、陰挽手、紮一槍、閃身出迎轉金雞獨立、推二棍、進二步、紮一槍、五花出迎轉鐵扇緊關門。

四、破棍譜

第一路

四平、搭外紮理

法曰：圈外搭、圈裡看、我立四平、彼搭我圈外、紮我圈裡、雙封單閉。

彼紮我圈裡，我劈開彼棍、紮彼圈裡、或手或心或脇，圈外皆同，封槍鎖口。彼紮我圈裡，我拿開棍、進步指彼咽喉，大梁槍。彼見我指咽喉、紮我膝部，我用高提彼棍，勾掛硬靠。彼見我提棍、棍則起削我手，我順彼勢力勾掛進步走圈外、硬靠打彼手，一提金。彼見我棍上打手，彼下打我膝腳，我用棍根提彼前手，上封槍。彼見我提手、彼棍起，我進步用棍梢打彼手，勾掛秦王挎劍。彼見我打手、下打我腳膝，我進步用棍根提彼手，彼棍則起，我順彼勢、勾掛進步走圈裡，紮彼心脇，前攔槍。彼見我紮心脇、下紮我膝腳，我移右腳、用棍梢提彼手，護心槍。彼見我提手、上紮

我心，我擠進拿開彼棍，鎖彼口，滾槍鎖口。彼見我棍鎖口、彼棚起我棍，我抽棍後紮彼咽喉。

第二路

外滾手、黑風雁翅。我立四平、彼搭我圈裡、紮我圈外、我用外滾手、勾開彼棍、我用雁翅偏在圈外。硬封進步鎖口。彼見我勢偏在圈外、彼必紮我圈裡、我硬封開彼棍、進步鎖口。腳下鎖提手。彼見我鎖口、下紮我膝腳、我一提、彼紮我面心，我拿開彼棍、紮彼心面。大梁槍、勾掛烏雲罩頂。彼見我紮心面、彼紮我膝腳、我一提、彼棍則起削我手、我則順彼勢力、勾掛進步走圈外，打彼頭耳。剪步群攔。彼見我打頭耳彼用棍勾開我棍，我順彼勢力，剪步跳出立群攔。彼見我立群攔，紮我圈外，我勾開彼棍，立挎劍。打群攔。彼見我立挎劍；紮我圈裡、我劈開彼棍、後立群攔。進步一提金。彼見我後立群攔紮我圈外、我攔開彼棍，進步入彼圈外，彼棍下掃我腳、我用棍根一提。單殺手。彼見我一提彼棍勾起削我手、我丟放前手、單手斜打彼手。

第三路

太公釣魚。我立釣魚勢、開圈外門戶、彼紮我圈外。孤雁出群。我勾拿開彼棍走出。鷂子撲鵪鶉。彼見我走出、彼隨後紮我右肩背、我閃開進步斜劈彼頭手、立群攔。群攔一封手。彼見我立群攔，彼紮我圈外、我攔開彼棍，後立群攔。二換手、一捉金。彼見我後立群攔、彼仍紮圈外、我勾開彼棍、換右手在前、圈外提彼手、彼棍起、我進步用棍根打彼手、彼棍打我膝腳、我用棍梢一提，前攔搶鎖口。彼見

我提手、彼棍起削我手、我順彼勢力勾掛走圈裡、棍梢紮彼心脇、彼打我腳膝、我用棍根提彼手、彼提起紮我心面，我用棍根拿開彼棍、鎖彼口。

第四路

小梁槍封槍。我棍橫一字正面鑱彼、紮我心面、我封開彼棍、進懸左足。朝天槍。彼見我高懸左足、彼紮我圈外、我進步勾開彼棍。腦後一窩蜂。我勾開彼棍，進步圈外打彼腦後、彼勾開我棍、我順彼勢力走圈內、打彼頭耳。高祖斬蛇。彼見我打頭耳、彼閃拿下我棍。剪步群攔。我順彼勢力、掃打彼腳、剪步跳出立群攔。後攔槍，前封手。彼見我立群攔、紮我圈外、我勾開彼棍、進步圈外打彼腦後、彼棍將勾起、我進步打彼前手。剪走群攔。換手打一窩蜂。彼見我立群攔、紮我圈外、我勾開彼棍、換右手在前、進步圈外打彼後腦。換手打烏雲罩頂。彼見我打後腦、彼勾開我棍、我順彼勢力、換左手在前、走圈內打彼前手。抽刀不入鞘。彼見我打前手、彼則抽棍根打我手。秦王大卸劍。彼打我前手、我抽棍閃過、用棍根打彼頭。

29

第五路

四平封槍。我立四平、彼搭圈外、紮我圈裡、我拿開彼棍。倒拖荊棘不留門。我拿開彼棍、我棍丟在後、彼紮我面心。空中雲磨響。我單手上撩開彼棍、單手下打彼腳。敬德倒拉鞭。我掃彼腳，佯輸詐敗走出。遮天不漏雨。我詐敗走出、彼趕來紮我、我上撩彼棍、下打彼腳、刀出鞘。彼見我收出鞘、彼不分左右、紮我面肩、我單手斜劈下。再收出

鞘。風捲殘雲。彼紮我面肩、我進步擾開彼棍、打彼手、立群攔、腦後槍。彼紮圈外、我勾開彼棍、退步如孤雁出群勢。進步鎖口。彼見我退出、隨後紮我、我擾開彼棍、彼紮我腳、我提開彼棍、彼紮我面我拿開彼棍、偷步一提一拿、鎖彼口。

第六路

一截。我立四平，彼搭我圈外，紮我圈裡，我硬封開彼棍，彼紮我圈外，我又硬封開彼棍，名曰硬封。二進。彼紮我圈裡，我拿開彼棍。三攔。我進步硬靠，彼紮我圈外。四纏。我進步伏虎打彼手，彼紮我腳。五封。我提開彼棍，彼紮我面，我拿開彼棍，紮彼心面，彼亦拿開我棍，紮我心面，我拿開彼棍，剪步跳出，立群攔。六閉。彼見我立群攔，紮我圈外，我攔開彼棍，立邊攔，彼紮我圈裡，我拿開彼棍，立群攔，彼紮圈外，我纏圈裡拿開彼棍，彼紮我腳，我提開彼棍，彼紮我面，我拿開彼棍，進步鎖彼口，名曰：吃槍還槍、烏龍翻江、梨花三擺頭。

五、六合陰手棍譜

一　合

梢對梢、膀子底下一棍、梢子底下一棍、膀子底下一棍、上頭梢子一棍、根一棍、梢一棍、交棍。

二　合

左提鈎，豎棍，根對根，梢子底下一棍，根子底下一

棍，梢子底又一棍，頭根子一棍，梢子一棍，根子一棍，又梢子一棍，根子一棍。

三　合：纏攔棍

梢對梢，根子照頭一棍，梢一棍、根一棍，又梢子一棍，根一棍。

四　合：纏絲棍

梢對梢，反根對面一棍，又一棍，底下一棍，支起反梢朝面一棍，根對根一棍，又一棍，變起反棍，對準梢子底下打一棍，根子上頭一棍，反根梢兩棍，交棍。

五　合：鷂子反梢

對梢根子照頭一棍，梢一棍，根一棍，反左右大棍，底下一棍，反根梢打，交棍。

六　合：倒提棍

梢對梢，根子照頭一棍，反梢一棍，反根一棍，反根梢再打，交棍。

六、六合風裡夜叉棍譜

一　合

穿指，穿袖，移身提棍，進步鎮，口裡含丹，閉纏棍，就地打，逼拿提下，移身進步戳身，攔棍，抽棍。

二　合

右邊攔，鎖口，單閉，纏棍，前劈後蓋，下陰陽手提棍，取前首，蓋頂，又蓋頂，移身，進步攔，棍破身。

三　合

太公釣魚，鯉魚大翻身，剪子股，下陰手棍，梢提棍，回頭走，鷂子叨鞋，倒托鉢，列陣，不留門，上打撒花蓋頂，下打古樹盤根，移身，進棍，孤龍大翻身。

四　合

朝天一柱香，剪子股，大風攪雪、鷂子叨鞋，蓋棍，下打黑旋風，遊地城，黃鶯做甲，反棍梢提棍，壐地起，進棍，移身，倒豎碑。

五　合

攔棍，背棍，挑棍，揪打背，後掃趟，歇步打，倒栽柳，回頭走，蓋風棍，前掃趟，挑棍打，後掃趟，下陰手提棍，大背身。

六　合

右劈棍，單臂纏棍，鷂子叨靴，剪劈棍，後蓋頂，回頭抽棍走，順手棍，十字抹脖，歇步反手，剪子棍，下陰手棍，夜裡偷桃。

七、細女穿線棍譜

上摟，鈎線，穿針，歇步橫穿線，持彩綢，隨風擺舞，飄雲走，前掃趟，倒托箏，摘仙桃，坐流星，玩火龍，披風衣，歇步橫穿線，翻樓梯，大紉針，坐蓮花，倒栽柳，後掃趟，飛雲走，倒托箏，嫦娥戲水仙，偷桃，披彩虹，上橋。

八、六回排棍譜

一　回　上沙排棍

先有急三輪，回頭二穿梭，順步勢上頭，梢子打一棍，根跟梢一棍，起棍地下點，舞花往頭打，一輪回頭順步纏，攔棍反根梢三棍，每人三棍地下點，舞花往頭搭一棍，回頭五花右探馬，滴水揚栓順五花，換左探馬勢，五花鋪地錦，攢棍梢子一點，五花回頭一棍，回頭先打四封四閉，根子底下一棍、上頭一棍。

33

二　回　中沙排棍

先打四封四閉，根子底下一棍，頭上一棍，梢子上頭打一棍，底下打一棍，棍子頭一棍，反梢一棍，底下一點，往頭上一槍，回頭纏絲棍，棍子纏二棍，棍梢打回棍，梢子往上挑一棍，根子對面反，梢子頭上打，一棍，底下一點，舞花，往頭上槍，回頭舞花，右探馬，反身舞花，左探馬，舞花鋪地錦，攢棍地下一點、回頭舞花，往頭上一槍，順步勢。

三　回　下沙排棍

順步勢，梢子腿上打一棍，換右勢，根子一棍，梢子頭上打一棍，底下一點，舞花往頭上搶，回頭順步勢，提棍梢腿上打一棍，底下往上挑一棍，底下一點，舞花往頭上一輪回頭舞花，頭上一槍，前頭梢子一棍。

四　回　二郎擔山棍

前頭梢打一棍，又後根子一棍，梢子底下一點，舞花往頭一棍，回頭姜太公釣魚，剪子股，背前面，後四棍，鋪地錦，往上一挑，掃趟腿，往前劈一棍，舞花往頭上一槍，回頭二郎擔山，上步扳手一棍，梢子隨身一棍，回頭歇頭，朝外挑一棍。

五　回　千字峨眉棍

朝外挑一棍，上步打頭，過去歇步下一棍，朝外打一棍，前掃趟棍，過去往外隨身一棍，背後隨身打一棍，往外打一棍，後掃趟棍，歇步朝外打一棍，剪子股，下陰陽手棍，回頭呂布托戟，濺步銷口，下遊丹閉，報子取手一棍，梢子劈頭一棍，回棍提拿，封閉。

六　回　沉香劈山棍

大開門，下陰陽手棍，舞花轉身反挑棍左右中連劈三棍，後挑一棍，前打一棍，倒提壺，舞花，向前劈一棍，回馬一棍，下陰陽手棍，大破元門，三叉棍，滾身舞花，前後掃趟棍，翻山棍，壓棍，通地穴，穿山龍舞花，向前劈一

棍，轉身二起腳，回頭望月勢。

九、白蛇棍譜

少林白蛇棍法奇，四十妙招世有稀。
戳劈鑽纏絞腸沙，滾翻追打皆偷襲。
卸步提棍施扭絲，回馬三槍如風疾。
進招善使放箭把，左右劈打驟紂紮。
尋機白蛇猛吐信，上挑龍王蛟軀炸。
仙人指路現梅花，鳳凰點頭笑臉殺。
舞花貼身如雷花，孔明搖扇降夜叉。

白蛇棍招勢曰：

仙人指路	仆步劈棒	回頭虛步
轉身輪劈	龍頭擺尾	老漢看家
舞花封身	弓步搗棒	弓步壓棒
仆步劈棒	翻身劈打	舞花轉身
虛步紮棒	白蛇出洞	左右抖棒
鳳凰點頭	朝天一炷香	五點梅花
仆步劈棒	鴨子乾搬嘴	老漢看家
白蛇回頭	退步馬步	白蛇出洞
走石翻花	馬步劈棒	舞花斜步
青龍回頭	仆步劈棒	馬步翻把
白蛇抬頭	猛虎倒坐	老漢看家
走步扭絲	轉身掄臂	猴子攪水
走石翻花	白蛇出洞	擋住路口
退步高虛步亮掌	收勢	

十、少林夜叉棍對練譜

歌　訣：

　　夜叉對棍羅王傳，將當良才莫手軟，

　　上打中刺下掃腿，左右閃進打一片，

　　莫忘羅家回馬槍，回手轉珠迎風變。

棍譜：

　　起勢：劈棍、下劈棍、震腳換棍、翻身劈棍。

　　我跳步打頭棍，　　你向左撥棍；

　　我上步打頭棍，　　你向右撥棍；

　　我轉身打腿，　　　你斜插相柳；

　　我疊手砸頭，　　　你雙手棚樑；

　　我鷂子翻起雲，　　你霸王舉鼎；

　　我落地起風，　　　你跳步旋風棍；

　　我上步打頭棍，　　你雲裡撥燈；

　　我使回頭望月棍，你旋風火扇；

　　我上步左劈棍，　　你退步擋風；

　　我轉身劈面打，　　你斜形挑棍；

　　我旋攔腰打，　　　你撤步壓棍；

　　我上步舞花，　　　你施火輪棍；

　　我搗腳面棍，　　　你退步插椿；

　　我施趟地棍，　　　你跳步攔腰打；

　　我野馬上槽，　　　你施金雞獨立；

　　我白虎攔路打，　　你起手反雲；

　　我用孔明搖扇，　　你施白鶴亮翅；

　　我用烏龍翹尾，　　你施蠍子折睛；

我用流星竄群，　　你施閃身躲鏢；
我施捲地黃風，　　你用青蛙跳溪；
我用白蛇吐信，　　你施天星墜地；
我施童子拜佛，　　你用猴子背棍；
我施懷抱琵琶，　　你用少女上香。

十一、少林天齊棍譜

棍譜曰：

少林天齊棍，　　棍法絕技真
明代智善傳，　　起勢棍出山，
壓倒泰山勢，　　白馬分鬃摻，
蠍子折尾巴，　　猛虎急跳山，
童子偷搬環，　　烏龍擺尾纏，
蘇秦忙指劍，　　老虎翅尾栓，
左右穿梭棍，　　呂布托戟斬，
金雞獨立勢，　　夜叉通袖前，
撥草尋蛇妖，　　大鵬抖膀歡，
瘋魔輪棍把，　　舞花托棍轉，
驟打風火扇，　　回馬殺槍連，
大聖棍通天，　　太公鈎魚串，
沈香劈華山，　　風掃一大片，
仙女滿散花，　　孤雁落沙灘，
霸王直樹旗，　　收兵還朝班，
二十八招勢，　　天齊棍法全。

動作順序：

預備勢，泰山壓頂，白馬分鬃，蠍子折尾，猛虎跳山，

童子搬環，烏龍擺尾，蘇秦背劍，老虎翅尾，左右穿棍，呂布托戟，金雞獨立，夜叉通袖，撥草尋蛇，大鵬抖膀，瘋魔輪棍，金雞獨立，舞花托棍，風火扇棍，回馬殺槍，泰山壓頂，烏龍擺尾，猴通天庭，太公鈎魚，右劈華山，風掃落葉，金雞獨立，仙女散花，雁落沙灘，霸王舉旗，收勢。

十二、少林上盤八仙棍譜

動作順序：

起勢，獨立敞門，三打祝家莊，轉身連三棍，金雞獨立兩邊打，龍王閉宮門，大聖擦棍，三搗城門，關公擋箭，舞花鋪地錦，回頭望月，金雞獨立破四壁，騎馬式壓棍，倒雲頂抹棍，騎馬式壓棍，倒雲頂抹棍，橫弓步刺棍，舞花背棍，獨立三戳棍，收勢。

十三、少林五虎群羊棍譜

歌　訣：

　　　五虎群羊棍，起勢斧劈森，
　　　戳刺如放箭，翻似龍攪雲，
　　　掃如疾風摧，攔如蛇纏身，
　　　絞如鑽穿木，搗如火分金，
　　　聲聲劈如雷，源出少室門。

招勢曰：

夜叉劈柴，	掃風棍，
風火輪，	攔腰棍，
流星竄群，	金雞獨立，
舞花背棍，	力劈華山，

海底取寶，　　青龍騰空，

白雲罩頂，　　攔腰風舞，

蝴蝶亂飛，　　仙女散花，

白鶴亮翅，　　魯班架樑，

大仙卸臂，　　雲裡撥燈，

旋風捲天，　　風箏追月，

天狗吃日，　　鳳凰展翅，

大鵬蹬腳，　　梅鹿臥枕，

風箏遊天，　　紅雲生妖，

八戒翻耙，　　湘子乘舟，

大海起浪，　　老龍伸腰，

小燕出窩，　　黃風揭頂，

白蛇吐信，　　龍騰行空，

海中起雲，　　攔腰纏打，

陰手陽棍，　　夜叉鬥鬼，

舞花背棍，　　童子拜佛。

十六、少林梅花棍譜

歌　訣：

梅花棍法招招奇，起勢施棍五點一，

行步打成梅花形，棍根降妖碎如泥，

點打四面斜八方，一勢多變百招奇，

劈打砸戳攔纏刺，反殺一槍勝霎時，

招招露出梅花影，孤戰群雄百勝一。

招勢曰：

仙人指路，　　力劈華山，

雪地點梅，　　金雞獨立，
縱步劈棍，　　羅漢藏劍，
趙雲翻槍，　　武松打虎，
舞花背棍，　　翻身鋪地錦，
雪地點梅，　　壯漢支棚，
老鷹撲雞，　　連步扭絲，
金雞獨立，　　大翻槍勢，
獅子調尾，　　小狗竄圈，
蘇秦背劍，　　怒打花瓶，
平地起花，　　風擺楊柳，
雪梅點地，　　小燕鑽天，
大樹落葉，　　鳳凰別翅，
魚公划船，　　風撥秋樹，
金雞獨立，　　仙女上轎，
大仙擺腳，　　鷂子穿林，
漢子扶婆，　　懷抱琵琶，
雪地點梅，　　轉身取寶，
風掃塵飛，　　哪吒偷金，
大雁過海，　　黃蜂採蜜，
沉坐蓮盆，　　童子拜觀音。

十七、少林飛龍棍譜

歌　訣：

飛龍棍法出少林，出棍驟疾騰入雲，
招招劈打聲如雷，棍繞招密直穿心，
行如巨龍奔如馬，橫攔直打招招準，

上下翻騰左右劈，前後左右隨身滾，
妙在騰跳躍入雲，舞花疾密棍隨身，
戳猛勢驟變幻疾，近纏遠箭立成擒，
智善禪師傳此棍，武藝之花永開春。

招勢曰：

青龍出海，　　　舞花滾身，
箭步劈棍，　　　飛弩射雁，
左右撩棍，　　　老龍伸腰，
烏龍擺尾，　　　鍾魁抽劍，
呂洞賓吹笛，　　老僧揮塵，
呂布托戟，　　　蛟龍賜雨，
仙女散花，　　　海面湧潮，
龍噴雲霧，　　　大鵬啄蝦，
黑熊攔路，　　　雲遮日月，
天鵝下蛋，　　　飛箭射鷹，
仙女舞彩，　　　火龍出宮，
燕子取水，　　　沉香亮斧，
李剛斬朝，　　　霸王舉旗，
蘇秦背劍，　　　龍回海庭。

十八、少林劈山棍譜

歌　訣：

劈山棍乃羅王傳，出手如炮雷炸天，
打如沉香劈山勢，劈如大聖撥火山，
滾如翻海鬧九宮，攔如白蛇纏盲漢，
左右上下打一片，走南闖北平出關。

招勢曰：

童子拜佛，	關公撩刀，
王小砍柴，	連步刺槍，
沈香劈山，	舞花滾身，
左右劈棍，	攔腰閃打，
驟步絞棍，	猴子拉犁，
夜叉撥麥，	羅漢藏劍，
少女箭花，	跳步棚架，
銀龍纏柱，	飛蛾撲燈，
白鷺上天，	惡狼背羊，
弓步挑棍，	翻身連打，
縱步斜型，	鐵牛耕地，
枯樹盤根，	小鬼撥扇，
閻王檢屍，	獵人撲熊，
力劈華山，	舞花滾身，
跳步背棍，	仙人提柴，
反雲覆雨，	火龍燒妖，
大帥收兵，	謝步歸原。

44

十九、小夜叉對練棍譜

歌　訣：

夜叉棍出少林堂，力劈華山力量強，
蘇秦背劍肩背棍，羅漢伏虎劈下方，
黑虎攔門左右撥，行者插棍把腿擋，
二郎擔山棚樑棍，撥草尋蛇掃地堂，
獅子搖頭撥來棍，迎面撥打把敵防，

仙人轉影回身開，上步打腿敵發忙，
天鵝下蛋劈頂門，轉身打腿賽霸王，
泰山壓頂疊棍砸，旱地拔蔥轉雲藏，
進身連環回頭打，回身疊手砸太陽，
左右後插護腿走，一路翻花回廟堂，
跟師習就夜叉棍，打倒江南第一強，
民人學之能防身，國家用之保邊疆。

二十、二路梅花棍譜

歌　訣：

梅花三槍開路闖，二郎擔山趕太陽，
玉女穿梭赴古城，右雄棍棒打出水，
鷂子翻身左一棍，剪子股仙人背劍，
回頭呂布托戟戰，鳥往前飛龍控地，
退步懷中抱月亮，古樹盤根打四門，
上游槍撥散烏雲，下游槍刺蛇出地，
中刺槍驅虎群狼，撥草尋蛇高吊槍，
敬德倒拉鋼鞭式，雲頂棍出散瑩光，
左右掃蕩棍法妙，舞花槍殺撲地錦，
翻身劈頭打一棍，躍步棍頭跟緊棍，
棚頂架上翻身打，掃腿棍術妙如神，
舞花滿天不漏雨，遮風不漏風鋪地錦，
倒拖荊棘不留門，開山棍乾坤定局才收棍，

二十一、小六合棍譜

歌　訣：

六合棍法羅王傳，六攻六守十二戰，
兩人持棍橫眉立，五子登科把棍練，
甲攻乙防猛交戰，乙攻甲守陣陣連，
兩人刺殺先交棍，撥開烏雲見晴天，
猴棒落地重千斤，對準咽喉直向前，
上步一棍掃地平，上撥三棍防妖犯，
倒步大殺回馬槍，鷂子翻身雲頭鑽，
換手使起掃風棍，左右掃平太行山，
妖魔不服搬兵來，金棒左右乾坤旋，
下砸巨石掃魔嶺，上飛雲頭沖九天，
撥開洪浪遊東海，雲頭接兵平地難，
乘風破浪驅虎豹，回頭望月凱歌還。

第四章
少林棍法問答

▶▶▶▶▶▶▶▶▶▶▶▶▶▶▶▶▶▶▶▶▶▶▶▶▶▶▶▶▶▶▶▶▶▶

一、問：「槍乃藝中之王，以其各器難敵也，又謂：『棍為藝中魁首者』，此何說乎？」

答：「凡武備眾器，非無妙用，但身手足法，多不能外乎棍，如槍之中平，拳之四平，即棍之四平勢也；劍之騎馬分鬃，拳之探馬，即棍之挎劍勢也；藤牌之斜行，拳之躍步，即棍之騎馬勢也；拳之右一撒步，長倭刀之看刀，即棍之順步劈山勢也；關刀勒馬登鋒，拳之單邊，即棍之鳳展翅勢也；又之埋頭獻鑽，即棍之潛龍勢也；槍之紮槍，拳之攛拳，長倭刀之刺刀，即棍之單手紮槍勢也；拳之進步橫拳，倭刀之單手撩刀，即棍之旋風挎劍勢也；凡此類難盡述。惟同志者，引伸觸類；則魁首之說不虛也。」

或問曰：「棍即包羅眾藝，則他藝可盡廢乎？」

答：「古人制藝必立一意，吾人資性，各有所長，豈可盡廢？惟楊家槍，太祖長拳，綿張短打，孫家陰手棍，少林兼槍帶棒，乃五家正傳，苟能習練精熟，得其心印，餘可敝帚棄之矣。」

二、問：「我固不必旁求眾藝矣，彼藝不同器，器不同用，其設眾器之意，與夫相持之法，皆可得聞乎？」

答：「器必有頭，頭之輕重不同，柄之長短各異，長者頭輕便用陰陽手，短者頭重便用陽手，又有柄後安一小月鏟者，蓋欲鏟沙泥以撲人面目，乘隙易人，此又耙鏟鐮之不一器，而一用也，不特此也，獨用瓜、錘、月斧同一類，關刀、斬馬刀同一類，虎尾梢、軟鐵鞭同一類，長倭刀、竹節鞭同一類，雙刀、雙劍、雙鏈同一類，均非異器同有者乎，至於刀之利，利在砍，槍戟之利，利在紮，月牙鏟、蛾眉鏟、鈎鐮之利利在鈎推，而長刀之飛刀，藤牌之標槍，此又一短技長用，獨不可忽者，惟藤牌則勢低氣固劈紮難加，必誘其刀前牌後乃可破的，凡諸此類，名號各殊，取勝不一。倘與棍遇，惟隨其器，而審其所恃以為利者，何在則乘其利之隙處，用穿提以進之，盤旋出入得勢得機因敵制勝，用棍之善者也，餘難悉具當以類推之。」

三、問：「人動稱少林棍，今觀圖訣，俱是槍法何也？」

答：「諺云：『打人千下不如紮』，故少林三分棍法，七分紮法，兼槍帶棒，此少林為棍中白眉也。」

四、問：「彼我皆四平，何以勝之。」

答：「彼持四平，我則以他勢驚之，待彼捨四平，而變他勢，我則捨他勢而變四平，取巧而入，乘空而發，故法曰：『四平還用四平破』，此之謂也。」

五、問：「曾聞單手紮敵，名為孤注，又名棄槍，果爾否乎？」

答：「此林變之所以妙也，如單手紮敵圈裡，彼拿開我失前手，則隨勢用法中倒拉鞭而走，隨用風捲殘雲勝之。如單手扎敵人圈外，彼攔開我失前手。則順勢用孤雁出群而

走，隨用鷂子撲鵪鶉勝之，此無中生有，死裡逢生，又何孤注棄槍之有。」

六、問：「**倒拉鞭救圈裡，敗槍，孤雁出群救圈外敗槍固矣，然亦有利於人，而不利於己，有利於己而不利於人者乎？**」

答：「人己勝敗。總在圈外，如單手紮圈裡，彼易拿捉，以敗我槍於左，我雖順勢用倒拉鞭走出，再轉身有風捲殘雲可救，然其步多體拗，且其棍撩上打下，獨未必能並中平槍，而既可撩可打也。若我單手紮圈外，在彼固難拿捉便能敗我槍於右，用孤雁出群走出，勢力順，手足快，而前手接棍又便，再用外鵪鶉單手斜劈，則隨其槍之高下，無有不中，較這圈裡之利於人而不利己者功相反也，故臨敵時惟圈外為破的。」

七、問：「**諸勢之中，有曰拿攔提捉劈者，可得聞其要乎？**」

答：「圈內有拿，圈外有攔，遮下有提，護上有捉，惟劈則上與左右可兼用也，用法雖難形容，大要不外拳之陽仰陰覆而已。一陰一陽，一仰一覆，時仰時覆，如龍之翔，如鳳之舞，如珠之走盤，活潑圓轉，而前手之伸縮無常，後手之開合無跡，尤當究心也。」

八、問：「**訣中有劈有紮有打，可混用乎？**」

答：「不能受紮者，目、鼻、喉、心、肋、腹、虎口、膝臁，不能受打劈者，太陽、腦、頭、耳、手、指。究其用，紮打其手者使難持棍，紮打其臁膝者使難出入，紮打其心肋者，使難遮攔，大抵上下易遮，而心手難架也。」

九、問：「**吾聞法云：『去如箭，來如線』，言其疾**

也，用中難有拿攔劈捉勾提等法。而架格之，然其棍體微小，如恐兩平相敵，亦有格不中，而著空者乎？」

答：「今以一字叉字喻之，則可明矣，如彼紮我面，是此斜一字，吾以後手稍低，使棍頭略高，是此斜一字，二一字交加成一×字，如彼紮我中平，是此正一字，吾亦以後手稍低，是此斜一字，二字交叉亦成一×字，如彼紮我腳，是此斜一字，吾以後手稍高，使棍頭低下，是此斜一字，二一字交叉亦成一×字，不拘拿攔劈捉勾提等法。

勢勢之中，著著之內，彼來我去，盡成一×字，豈有著空而不中者乎？」

十、問：「吾聞『千金難買一聲響』，果棍響即可進乎？」

答：不然，如所謂不招不架只是一下者，何曾響乎，如所謂犯了招架，就有七八下者，何止一聲乎，甚不可執一而論也。」

十一、問：「吾聞棍打起手，可常恃乎？」

答：「藝中有『先人發後人至』，『舊力略過，新力未生』之法，此等玄機，真千古不發之秘，能於此中解悟，全巧制敵，使彼進之不可，退之不能，束手畏伏，方為無敵，若為成列而襲人，此不過偷機取勝而已，何以伏人哉。」

十二、問：「先發後至固也，如我待彼發，彼待我發，將遂已乎？」

答：「法中有云：彼槍發，我槍拿，彼槍不動我槍紮，此一紮也，不淺不深，非真非偽，明此機者，進乎技矣。故法有彼靜我亂，彼亂我靜，靜中用亂，亂中用靜，此取勝之妙用，學者當體念也。」

十三、問：「吾聞『器長一寸，強一寸』，如彼用長槍，而我棍僅半之，何以敵乎？」

答：「此特不能先發耳，如對敵，我則以花法誘之，待彼槍進我身，或拿或提連步速進身，入彼槍中，雖長何用？此所謂手法也。」

十四、問：「我持小棍，雖冠以刃，亦無機也，如遇彼長刀、大劍，不得為彼堆其銳乎？」

答：「棍中有穿提閃賺之法，如活龍生虎難攖其鋒，彼安能傷，此所謂柔能制剛也。若槍之身長體重，進退不捷，而傷於刀劍者，又不可一例論也。」

十五、問：「訣中有穿提閃賺之法，可得聞歟？」

答：「斯法也，其機玄其旨奧，非心精思巧者，不能造，非功深力到者，不可言。閃賺者，手固步小，推棍入彼懷中，左拿閃右，右拿閃左，莫可測度，不至犯硬，此是賺法。若穿提，即非如閃賺者之小可也。局勢闊大，運用圓活，如彼立勢便於左攔，我則從左上，以湊其攔，及彼攔下，我已先機而穿乎右矣，如彼立勢便於右拿，我即從右上，以湊其拿，及彼拿下，我已先機而穿平左也，循環無端，進退無跡，如電飛雷奔，目不暇視，手不暇指，無論圖中諸勢，皆以此為勝算，即破諸家利器，亦持此而奏功，雇中所謂靜中用亂者此也，所謂舊力略過，新力未生者，亦此也，所謂彼槍不動我槍紮者亦此也，豈非一了百了之說乎？」

十六、問：「圖中之勢，有持有棍至盡者，有握其中而留其半者，果何見乎？」

答：「此各有時，如我身入彼棍中，收棍而用陰手，則

我棍緊密，彼棍在我身外，非棄物乎？若我身未入彼棍中，用賺槍帶棍苟不持棍根，則拿捉不圓活，且棍根自擊肋腹矣。」

十七、問：「人當持棍，惟恐失手，今遇敵，換手可乎？」

答：「左右換手，蓋欲惑亂敵人耳目，使不可測，然需換在未交鋒之先，令人狃而不覺，故載之者，欲人平時習熟，則臨期可無掣肘之患矣。」

十八、問：「立守一勢，可應敵乎？」

答：「兵貴神速，必方立一勢又立一勢，復換一勢，使彼應接不暇，則勝勢在我，若徒恃一勢，則人悉其虛實，何能全勝哉？」

十九、問：「臨陣則各有定次，毫不容越，何立一勢，又換一勢乎？」

答：「換勢為平日習演，揚中比試言而，若遇大敵，惟以逸待勞，或未發而先入，或待發而後應，隨時審勢，見可而進，其要以膽大為上。」

二十、問：「觀圖中之勢，手足開闊，身體縱伏，彼不利於乘空而易入乎？」

答：「此非空也，所謂誘敵也，若收拾緊密戶門不開，彼安入吾彀中耶？」

二一、問：「如遇十餘人，四方圍合，何以擊乎？」

答：「藝中有指東擊西，視南攻北之法，如我見某人弱可擊，必先張威假勇佯敵乎強，忽然擊弱，攻其無備，圍斯解矣，此所謂寡克敵眾也。」

二二、問：「既得出圍，人或排一字雁翅，欲復圍我，

何以御之？」

　　答：「凡敵只怕正背兩面受敵，如彼人多，我則抽身只對右首一人，則彼眾人皆在我面前，而背面可無患矣，此所謂一面受敵者也。」

　　二三、問：「雖一面受敵群，然同進，何以應之？」

　　答：「藝中有『佯輸詐敗』之法，故我抽身而走，則彼必追，然追者雖眾，不能無先後，吾取其最先者而用奇以擊之，此所謂以弱勝強者也。」

　　二四、問：「均一人也，始未學藝，或能勝人，及既學，反不能勝人何也。」

　　答：「此非學不學之故，人當未學時，一旦遇敵無可思索，突然而進，氣奮手快，故偶耳勝，及學後，一心欲求勝，一心要全名，一心恐不能勝，思慮遲疑反為人所勝矣，所謂相打忘記跌法者此也，惟練習精熟心手相應，來快去速，則萬全矣。」

　　二五、問：「當臨敵之時，每每失其故步，何也？」

　　答：「藝高人膽大，苟平日識見未廣，功夫未純，若一遇敵，則心志亂，手足忙，不能自主也，故弓馬熟間良有以也。」

　　二六、問：「人身之高，不過五尺，側身對敵，不滿尺餘，何用圖勢種種乎？」

　　答：「見之真者，守斯固，故繪書訣，曲折詳言。使學者勻於平時較量練習，孰為生門，孰為死門，孰為正著，孰為哄著，了然胸中，至當機決勝之日見在人先，隨發隨應，迎刃而解矣。故要緊處只是不聽人哄。」

　　二七、問：「用武以披堅重鎧，掩避鋒芒，今圖中盡繪

禪體單褲者，果何意乎？」

答：「圖中繪以赤體者，分腕時兩拳之陰陽，胸背之正側，兩足之順拗虛實，面目之斜正高下，使人觀圖習演，則足不亂踵，胸後亂向，手中之開鍵不紊，而身之轉換變勢易識也，豈可泥為定矩乎？」

二八、問：「棍尚少林，今寺僧多攻拳，而不攻棍，何也？」

答：「少林棍名夜叉，乃緊那羅王之聖傳，至今稱為無上菩提矣，而拳猶未盛行海內，今專攻於拳者，欲使與棍同登彼岸也。」

二九、問：「今攻少林棍者不乏人，然多不同者，豈人有異師，題有異教乎？」

答：「教本一源，但世還人乘，授者尚奇好異，或以此路頭而棍彼路尾，或以彼路尾而雜於此路中，甚至一路分為二路，惑世誣人博名射利，預探扼腕特為標真。」

三十、問：「聞棍長一寸強一寸，今棍只用八尺，或八尺五寸者，何不再加長乎？」

答：「顯然，如不精熟，反被長誤也。」

三一、問：「少林這棍俱傳六路，今圖只佈一二五路者，其意不可聞乎？」

答：「傳雖六路，勢多雷同，惟一二五路最為切要，能於圖中諸路習熟，餘可以類推也。」

三二、問：「少林諸棍，習可卻敵取勝，而穿梭一路，以無實用，亦欲學者演習之，此何意乎？」

答：師意患人持棍生澀，先用此路使棍與手相洽，伸縮如意，進退便利，臨敵可無掣肘之患也。」

三三、問：「棍為藝中魁首固也，而所用之棍，以何木色為佳，鐵棍可能用乎？」

答：「疆界不同，名色不一，惟資堅而實，性剛而和自根漸細至梢如鼠尾然者，則用方靈生成直無疤節者為上，劈成鋸成者文斜易斷，如梢過大，則頭重難用，如腰軟，則無力，如太硬，不便拿捉，然棍之重輕，則隨人力之大小而用之，若常用，惟三斤二斤半者為的，如鐵棍，則長七尺五寸，約重計十五六斤，其制與木棍等。

然非巨力者不能用，兩頭細於腰者，但便於陰手耳，要之輕者，便捷也。」

三四、問：「論中云根當冤之以刃，刃式前具三圖矣，而所以輕重之宜，可得聞乎？」

答：「前刃制似菠菜葉，起劍脊取其堅也，兩刃要薄，取其利也，槍庫亦要薄，取其輕輕，庫口周圍一寸八分，過大則杆大而難用，中用一銅箍，如算盤子大小，庫口亦用一銅箍，只一分餘闊，頭式壯觀，二式輕利，三式透堅，總之以輕為取也。

其安杆之法，以杆之性，不免有彎者，將刃隨其性，對杆彎，則安其上後拿劈至地，不使槍頭插入土中，而失誤也，杆後不宜安鑽，恐自擊腹肋，惟用一銅箍，箍底用平鼓釘一個釘杆內為妙，不可漆如漆澀手不活也。」

三五、問：「圖中持棍有左手在前者，又有右手在前者，歌訣但就勢論耳，其意再可得聞乎？」

答：「左手在前，紮拿等法人人便之，右手在前者，劈打需易，而單手紮槍難也，今以左手在前喻之，孤雁出群勢，鷂子撲鵪鶉勢，此是右轉身劈打法也，又以右手在前喻

之，敬德倒拉鞭勢，可化與孤雁出群同用法，莊稼亂劈柴勢，可化與鷂子撲鵪鶉同用法，此是左轉身劈打法也，又可化與左手在前邊攔勢同法用。

如順步劈山勢，可化與左手在前鐵牛耕地同用法，又可化與左手在前群擋同用法，剪子股勢可化與左手在前穿袖同用法。此數勢，即是左右二手同用法勢也，惟不便於單手紮槍耳，如人習演左右二手，用法精熟，可稱絕技矣，此類推，觀者詳之。」

三六、問：「吾觀圖勢有轉身回打者，似於遲滯不快疾，可得聞其妙乎？」

答：「轉身之法其機在頭，頭乃人一身之主，如身欲右轉，必以頭先轉右視敵人，身則隨之；如若身欲左轉，亦以頭先左轉視敵人，身則隨之。此左右轉身之秘法，快如風旋，何遲滯之有。」

三七、問：「圖勢歌訣以見其妙　有云莊稼六棍者，又何謂也？」

答：「莊稼者，不識棍法之稱，六棍者謂左右上之中下也，如彼持混右手在前，則右腳亦在前，方能用力打我左邊頭頂，吾以陰手持棍，立勢左腳在前，如四平勢樣，侯彼打下，我用棍梢圈外一勾，進右腳入彼圈裡，用棍根翻打彼太陽，彼若躲閃，我即當心一搗，彼橫打我左邊腰，我移左腳進於右，將棍梢插在地上，直擋格彼棍。

進右腳入彼圈裡，用棍根當心一搗，彼橫打我左邊腳，我進右腳將棍梢插在地上，直擋格彼棍，進左腳用棍梢翻打彼頭，此三著，圈裡犯硬打也，彼持棍打法如前，我持棍立法亦如前，彼照我左邊頭頂打下，我將頭一低，往左一閃，

移左腳於左入彼圈外，進右腳用棍梢順拿，則彼棍從我頭上過於右矣。

用棍根打彼膝頭，彼打我左邊腰，我移左腳於右，將棍梢插在地上，直攔格彼棍，進右腳入彼圈裡，用棍根心當一搗，此著亦是犯硬，不能順其勢力，入圈外打也。

彼打我右邊腳，我腳併齊高跳起，則彼棍從我腳下過於右矣，我進右腳入彼圈外，用棍根翻打彼太陽，此上下二著，圈外順勢力打也。

如彼持棍左手在前，打我右邊頭腰，我進步架格，亦如前法破之，此陰手棍法也。

若少林棍法則不然，彼我之棍長短，皆同，我用陰陽手持棍，立四平，則我棍半截在前，彼欲打我頭、腰、腳，我棍以抵彼心前，彼焉能打得我乎？必是劈格我棍，我即用穿提閃賺等法勝之矣。

且陰手前法圈裡犯硬，次法圈外順勢力，二法難善，恐入懷內躲閃，稍不如法，難保全勝，大抵長棍打人力弱，短棍雖力雄，與長棍敵又難近身，凡遇打者，用躲架格鑽入彼懷內或有不及之處，必不能重傷我也，何也？凡打人棍頭有力？棍腰無力，鑽入懷者，彼棍已半截在我身後矣，稍有不及，故云不能重傷我也。」

三八、問：「**讀棍論閱圖形、誦歌訣，即可稱絕技乎？**」

答：圖訣雖詳，其中變通活潑之妙，非口授心傳，何以曲盡，故非師不通聖，得訣回來好看書此之謂也。」

三九、問：「**長槍則用楊家、馬家、沙家之類，長拳則有太祖溫家之類，短打則有錦張任家之類，皆因獨步神奇故**

不泥陳跡，不襲師名，今子棍法通玄，不讓槍拳諸名家，即謂之程家棍，非誇也，何斤斤以少林冠諸首哉？」

答：「惟水有源，木有本，吾雖不敢列槍拳之林，然一得之見，莫非少林之所陶熔，聚竊其美名，背其所自哉。」

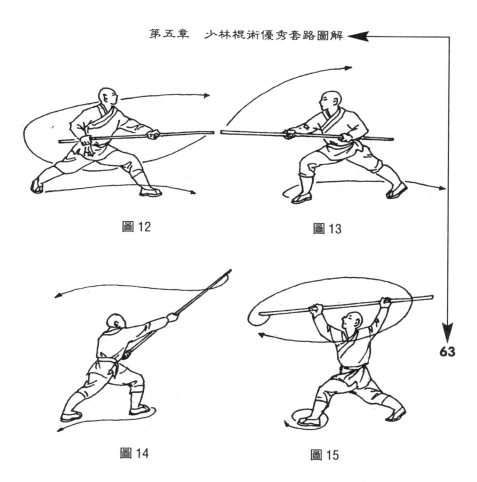

圖 12　　　　　　　　　　圖 13

圖 14　　　　　　　　　　圖 15

63

身向前打。（圖 13）

10. 轉身撩陽

抬右腳上一步，體右轉 180°，成右弓步，（棍隨身輪五花）由上向下打，再由下向上挑陽。（圖 14）

11. 閉住千斤門

體右轉，上右腳成右弓步，兩手持棍上架頭上前方，左手在後亮棍（棍根當前）。（圖 15）

圖 16　　　　　　　　　　圖 17

12. 上步千斤走

兩腳不動，左手鬆棍，右手揮棍由左向右向上繞頭一圈，向前向下打。（圖 16）

13. 蓮花繞繞走

退右腳向後一步，身向右轉 90°，再上左步，成左弓步，棍向左上方插，上身向左傾探目視右後方。（圖 17）

14. 挑走泰山勢

體左轉 90°，收左腳起身再上成左弓步，棍隨身轉 3 個舞花，雙手扶棍橫向前推。（圖 18）體再右轉 180°上右弓步向前推棍。（圖 19）上左腳向前跳一步，體右轉 90°成低勢馬步，雙手持棍向左前方打。（圖 20）

15. 後用腦袋棍

體右轉 90°成右弓步，棍由左向右下方斜打。（圖 21）

16. 鷂子翻身

兩腳同時跳起，體向左跳轉 180°，落成左弓步。（圖 22）

再跳轉 180°落成右弓步，棍根由下上挑。（圖 23）

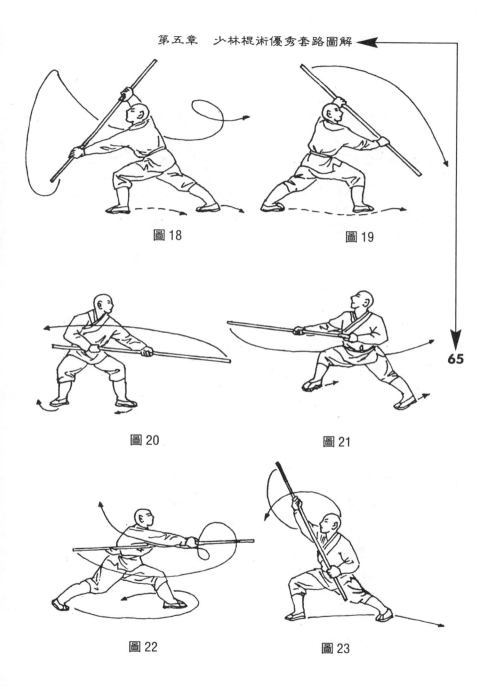

圖18

圖19

圖20

圖21

圖22

圖23

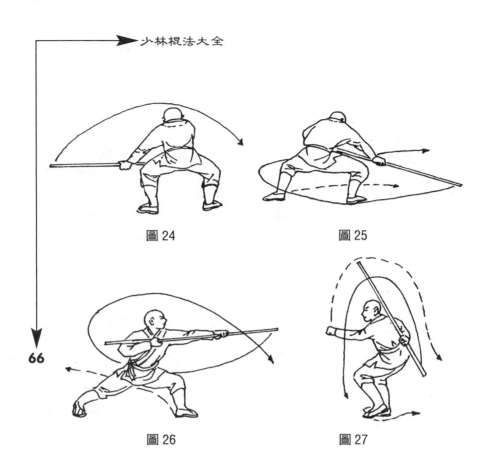

圖 24　　　　　　　　　圖 25

圖 26　　　　　　　　　圖 27

17. 白猿獻了棒

　　右腳後退一步，體右轉 90°，成低勢馬步，棍由右向左下方打。（圖 24）

　　體再右轉，棍由左向右打。（圖 25）

　　然後起身，上左步成左弓步，體稍右轉，托棒予獻。（圖 26）

18. 大破元王門

　　向右滾身 360°，起雙腳向右大跳一步，成左弓步，兩

手持棍上架前刺。上左腳，體右轉180°，舞花背棍上身向前微傾，目視前方。

19. 白猿歸穴

輪棍，轉圈，倒步背棍，束身歸洞。（圖27）

收　勢

左腳後退一步，體左轉，左手接棍，收右腳與左腳成併步，左棍下端落地，筆直樹立，右手抱拳，身挺直，目視前方。

二、少林達摩棍

（一）歌譜及動作順序

1. 歌　譜

少林達摩棍，出手震天門。

開步內外撥，挑撩散風雲。

調招起舞花，迎敵封纏棍。

劈打掃兩側，法如風火輪。

退使絞腸沙，進使蛇吐信。

應後回馬槍，對橫急翻身。

應弱虎撲食，應強溜如雲。

若攻先備防，護體嚴如森。

遇眾破一口，怒施風雷棍。

躍步如流星，亦名羅王陣。

練成此棍法，出世旋乾坤。

2. 動作順序

第一段　預備勢，霸王豎旗，夜叉通天，倒打哈狗，武

松立擂，偷劈華山，舞花搗棍，火花飛蝶，濟公倒扇，橫掃千軍，舞花夾棍，雲飛當頂，回馬搗棍，絞腸沙棍，迫蛇入洞，躍步刺棍，猿猴戲星，回頭望月，金雞獨立。

第二段　玉女穿梭，撥雲開天，弓步刺棍，轉身搗棍，鐵牛耕地，火駒奔川，仆步劈棍，弓步藏棍，馬步劈棍，猿猴戲妖，滾星趕月，降龍臥虎，弓步刺棍，箭步標棍，夜叉穿窗，提膝閃劈。

第三段　餓虎撲食，金牛臥地，金雞纏蝶，猛虎藏威，抽地泉，提膝插棍，躍步劈棍，大聖亮旗，倒插楊柳，枯樹盤根，大鵬甩膀，回馬標槍，鷂子鑽雲，力劈華山，躍步流星，蝴蝶穿花，雲裡撥燈，懷抱琵琶，舞花收勢。

（二）動作圖解

【第一段】

預備勢

兩足八字併立，右手握棍，身胸挺直，左手握拳，抱於腰間，目視前方。（圖28）

1. 霸王舉旗

抬右腳向右跨一步，抬左腳落於右腳左側前方為虛步，同時向左側上方絞棍，然後抱棍豎於胸右側，棍梢向上。目視左前。（圖29）

2. 夜叉通天

左腳向左邁一步，體左轉90°，收右腳為丁字步；同時右手向前撩打，然後抖棍。斜栽懷中，棍梢向上。兩腿微蹲。目視棍梢。（圖30）

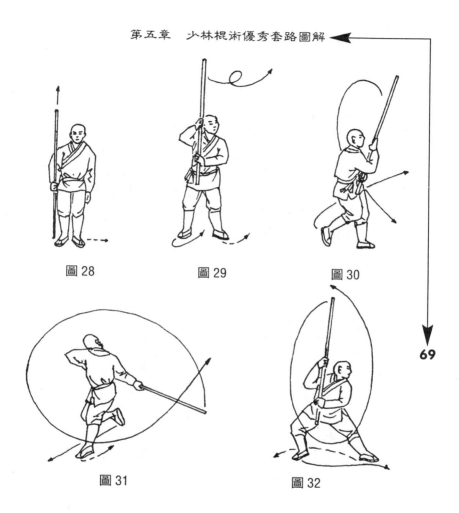

圖 28　　　　圖 29　　　　圖 30

圖 31　　　　　圖 32

3. 倒打哈狗

右腳向前上一步，兩腳碾地，體左轉180°。右手向上滑把，棍隨身同上前向後繞頭輪劈，然後再向後撩；同時抬右腿提膝。目視前方。（圖31）

4. 武松立擂

右腳向前落一步，體左轉90°，兩腿屈膝成馬步。棍由

70

圖 33

圖 34

後隨身向前撩，然後反把，棍豎胸右側，棍梢向後。目視右側後方。（圖 32）

5. 偷劈華山

體右轉 90°抬左腳向前上一步，體隨之右轉 90°。使兩腿成馬步。移把，棍由前向後上繞頭向後輪劈。目視左側。（圖 33）

圖 35

6. 舞花搗棍

兩腳碾地，體右轉 180°，使兩腿成插步。倒把，棍隨身輪舞花，然後向右下方搗棍。目視後下方。（圖 34）

7. 火花飛舞

抬左腳向左移一步，使兩腿成拖步。輪半舞花，然後由上向下壓棍。目視棍梢。（圖 35）

圖 36

圖 37

8. 濟公倒扇

　　兩腳跳步向右轉體
270°，落成右虛步。棍繞
頭向後劈打。目視右前
方。（圖 36）

9. 橫掃千軍

　　抬右腳向前跳一步，
左腳落右腳前，使兩腿成
大叉步；同時倒把，棍由
後向前橫掃，然後端棍前
穿。目視棍梢。（圖 37）

圖 38

10. 舞花夾棍

　　抬右腳向前上一步，使兩腿成右弓步，輪把舞花，向左
側前方壓棍。目視棍梢。（圖 38）

11. 雲飛當頂

　　右弓步不變，體左轉 90°。輪舞花，然後向左後搗把，
左手鬆把，右手持棍繞頭旋一圈，左手再接把，向前右側上

方斜刺。目視棍梢。
（圖39）

12. 回馬搗棍

兩腳碾地，體右轉
180°，使兩腿成插步。
舞花，倒把，棍在頭上
雲旋，然後由右向左搗
棍。目視棍梢。（圖
40）

圖39

13. 絞腸沙棍

兩腳碾地，體左轉
180°，右手反把，雙手
持棍端由右向左側上方
閃撩，然後再由右向左
絞棍。目視棍梢。（圖
41）

上動不停，左腳向
前上一步，右轉體
90°，棍由左向右絞。
目視棍梢。（圖42）

圖40

14. 追蛇入洞

兩腳碾地，體左轉
90°，抬右腳向前上一
步，成右虛步。倒把，
棍由左向右上方撩，兩
腿微蹲。目視棍梢。

圖41

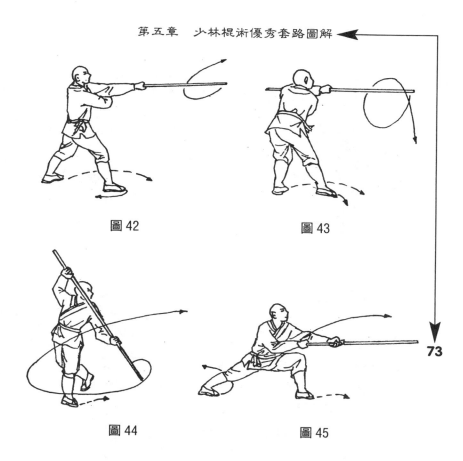

圖 42　　　　　　　　圖 43

圖 44　　　　　　　　圖 45

（圖 43）

　　動作不停，左腳上步於右腳外側，體右轉 90°，使兩腿成插步倒把，棍由左向右絞，然後再向下斜搗。目視棍梢。（圖 44）

15. 躍步刺棍

　　左腳向右移一步，體右轉 90°，抬兩腳向前躍一大步，左腳落右腳前，使兩腿成左弓步。反把，向前用力刺棍。目視前方。（圖 45）

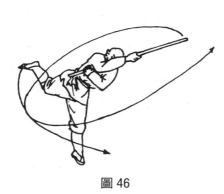

圖 46

圖 47

16. 猿猴戲星

左腳不動，右腳向後彈蹬。倒把，滑把，兩手握梢，使棍根向上斜捅；同時上體向左傾探。目視棍根。（圖 46）

17. 回頭望月

右腳下落於左腳前一步，體左轉 90°，右腿全蹲，左腿仆地伸直成左仆步；同時輪舞花，換把，雙手持棍隨身由右向左繞頭雲旋一圈，然後豎於胸右側，棍根向上。目視左側。（圖 47）

圖 48

18. 金雞獨立

兩腳碾地，體左轉 90°，右腳向前上一步。輪舞花，然後抬左腿向前提膝，倒把，向前掃棍，再豎於頭的右側，棍根向上。目視前方。（圖 48）

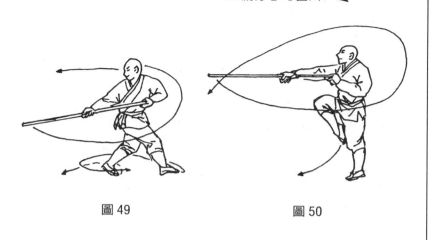

圖 49　　　　　　　　　　圖 50

【第二段】

19. 玉女穿梭

左腳向前落一步，兩足碾地，體右轉270°，使兩腿成大叉步。輪一個半舞花，然後由左向右後方橫穿。目視右側後方棍梢。（圖49）

圖 51

20. 撥雲開天

兩腳碾地體左轉90°，抬左腳向前上一步，輪舞花，身體隨之左轉90°，棍由前方向右往左繞頭雲旋一圈，同時抬右腿提膝。向前刺棍，目視棍梢。（圖50）

21. 弓步刺棍

右腳落左腳前一步，使兩腿成右弓步。兩手握棍向前直刺。目視棍梢。（圖51）

圖 52 　　　　　　　　圖 53

22. 轉身搗棍

右腳向後退一步，體右轉 180°，兩腿成右弓步。移把，輪舞花，棍由前向下，隨身向前搗把。目視棍梢。（圖52）

23. 鐵牛耕地

兩腳起跳，體向左翻轉 180°，落成大叉步。向上滑把，握棍稍繞頭輪棍，然後向右側地下猛劈棍。目視棍端。（圖53）

24. 火駒奔川

起身，兩腳碾地，體左轉 180°，抬右腳向前上一步，使兩腿成右弓步。換把，繞頭旋棍，然後斜豎於胸右側上方，棍梢向上。目視左側。（圖54）

25. 仆步劈棍

接上動作，移步，舞花，然後向左翻身跳步，落右仆步。棍隨身向右前下方猛劈。目視棍端。（圖55）

26. 弓步藏棍

起身，體右轉 90°，左腳向前上一步，使兩腿彎成右弓

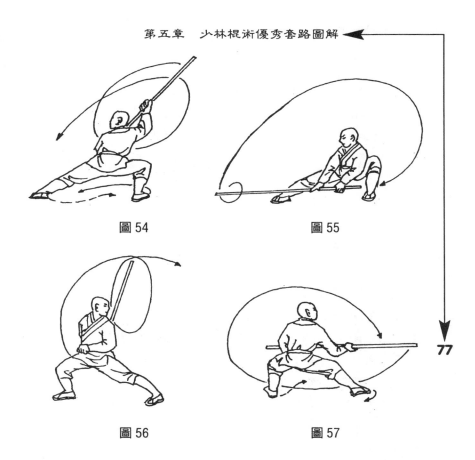

圖 54　　　　　　　　　　圖 55

圖 56　　　　　　　　　　圖 57

步，雙手持棍由右向下再向左絞棍，然後繞頭輪掃，藏於背後。目視左後方。（圖 56）

27. 馬步劈棍

左腳碾地，撤右腿體右轉 90°，兩腿成馬步。向外絞棍，然後倒把，棍隨身向右側劈打。目視棍端。（圖 57）

28. 猿猴戲妖

兩腳起跳，體右轉 180°，轉體後左腿提膝。半舞花，倒把，棍繞頭雲旋，然後向左側下方斜刺。目視棍梢。（圖

圖 58　　　　　　　　　　圖 59

58）

29. 流星趕月

左腳落地的同時，抬右腳向左跳一大步；同時左腳落右腳左側一步，兩腿成馬步。棍由下向右繞頭向左側方橫刺。目視棍梢。（圖 59）

30. 降龍臥虎

舞花，然後兩腳向左側騰躍，雲棍，使兩腿落成右跪步，左手脫把，成立掌向左側方推出，掌心向前，右手挽棍於肩背後。目視左前方。（圖 60）

31. 弓步刺棍

起身，同左轉體 90°，右腳向前上一步，變為拖步；同時，左手接棍，舞花，棍向後撩。（61）

動作不停，左腳向前踮跳一步，左腳落右腳前，兩腿成左弓步，然後倒把，兩手握棍向前直穿。目視棍梢。（圖62）

32. 箭步標棍

兩腳速向前跳一大步，成右弓步，反把向前刺棍。目視

圖 74

圖 75

步；同時由左向右絞棍，
再由右向左絞棍，由左向
右絞棍。然後輪半舞花，
提棍豎於胸左上側，棍端
向上。目視前方。（圖
74）

43. 倒插楊柳

　　向前打棍，輪舞花，
倒把向後斜刺；同時抬左
腿向前提膝。目視棍梢。
（圖 75）

圖 76

44. 枯樹盤根

　　左腳向後落一步，變右腳成右虛步；同時舞花，倒把，
再向前下方打棍。（圖 76）

　　動作不停，右腳移於左腳外側一步，兩腿成插步，體稍
向右轉，兩腿全蹲成歇步；同時倒把，向右下方橫劈，棍梢

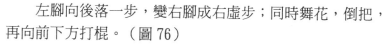

向右。目視右側方。
（圖77）

45. 大鵬甩膀

左腳向左方移一步，舞花，然後向左轉體90°。移把，棍由右向左側前方穿刺，同時抬左腿提膝。目視棍梢。（圖78）

46. 回馬標槍

左腳落地，向右轉體90°，舞花，同時兩腳向前跳一步，舞花。然後向左轉體90°，向前打棍，再向左後方穿棍；同時抬右腳向後提膝。目視後方。（圖79）

47. 鷂子鑽雲

右腳向前落一步，舞花；同時兩腳向前彈跳，當全身騰空時左手脫把向前拍擊右腳面，右手持棍。目視左手前方。

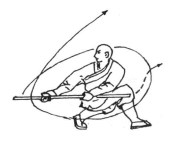

圖77

圖78

圖79

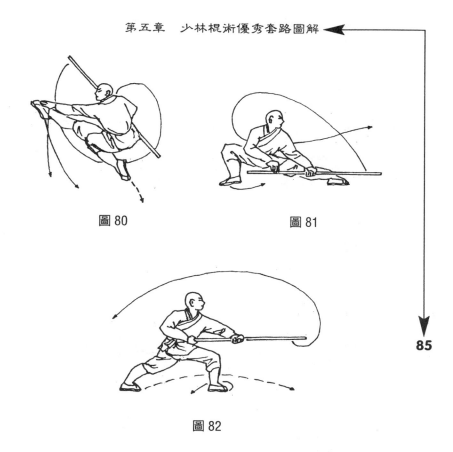

圖 80　　　　　　　　　　圖 81

圖 82

（圖 80）

48. 力劈華山

　　右腳向前落一步，兩腳碾地，體左轉180°，舞花，然後右腿全蹲，左腿伸直成左仆步；同時換把，兩手握棍向左側下方劈，棍梢向左。目視棍梢。（圖 81）

　　兩腳向前躍一大步，兩腿成左弓步；同時雙手握棍向前刺出。目視棍梢。（圖 82）

　　動作不停，右腳向前一步，上成右弓步；同時上旋舞花

換把前刺棍；目視棍
梢。（圖83）

49. 蝴蝶穿花

左腳向前踮跳一
步，再抬右腳隨身向
左轉體90°，右腳落
於左腳前成虛步；同
時倒把，向前下方劈
棍。目視棍梢。（圖
84）

圖83

動作不停，左腳
向前踮跳一步，左腳
落於右腳前成左虛
步；同時換把向前下
方劈打，棍根向前。
目視棍根。（圖
85）

50. 雲裡撥燈

右腳向前上一
步，體左轉180°，
變左腳為虛步；同時
舞花，移把，棍由右
向左撥。目視棍梢。
（圖86）

動作不停，右腳
向前上一步，向左轉

圖84

圖85

圖 86

圖 87

體 90°；同時舞花，移把，
棍由左向右撥。目視棍梢。
（圖 87）

51. 懷抱琵琶

抬左腳向前上一步；同
時舞花，再抬右腳移於左腳
後外側一步，左轉體 180°，
使兩腿成插步。舞花，然後
棍由右向左橫穿。目視棍
梢。（圖 88）

圖 88

動作不停，抬左腳向左
移一步，兩腳碾地，向右轉
體 180°；兩腿全蹲成歇
步，同時輪舞花，然後抱棍
於胸右側，棍梢向上。目視
左側方。（圖 89）

圖 89

52. 舞花收勢

起身，兩腳碾地，向右轉體180°，舞花，然後收右腳與左腳成併步。右手脫棍，左手移把，將棍直豎於身體左側，身胸挺直，右手附於大腿外側，掌心向裡。目視前方。

三、二路達摩棍

（一）動作順序

二路達摩棍是明代智善和尚西行後在陝西、山西、甘肅、青海一帶所傳授的棍術，經民間武藝人修改和演變，發展了多種不同的套路，但其風格和特點，卻仍保持著少林棍的棍法本色：如橫打一片，直刺，劈砸，撩攔，搗挑等頗具實戰特色。

具體動作順序如下：

馬步劈棍，虛步撩棍，彈腿挑棍，提膝搗棍，弓步刺棍，插步倒壓棍，轉身背棍，馬步挑棍，上步刺棍，插步後穿棍，上步掄棍，提膝刺棍，弓步刺棍，轉身後撂棍，絞棍挑棍，提膝架棍，轉身托棍，提膝刺棍，跳步劈棍，轉身點棍，插步搗棍，馬步擺棍，弓步端棍，插步托棍，彈腿扇棍，獨立斜托棍，跳步仆步劈棍，獨立刺棍，歇步背棍，併步豎棍，收勢。

（二）動作圖解

預備勢

兩腳併立，右手握棍，豎立右側，左手握拳，抱於腰間，拳心向上，身胸挺直，目視前方。（圖90）

圖 90

圖 91

1. 馬步劈棍

　　左腳向左開一步，兩腿屈膝半蹲成馬步，同時左手接把，兩手握棍由右向左劈，目視左側棍端。（圖 91）

2. 虛步撩棍

　　兩腳碾地，體左轉 90°，收左腳落右腳前，成左虛步，同時兩手滑把，順絞棍，然後屈肘提棍，兩腿微蹲，目視棍端。（圖 92）

圖 92

3. 彈腿挑棍

　　右腳踏實，左腳向前彈踢，同時兩手握棍向右輪游，然後向前格挑，目視棍端。（圖 93）

圖 93

圖 94　　　　　　　　　　圖 95

4. 提膝搗棍

左腳向前落一步，兩腳碾地，體右轉 180°，抬左腿向前提膝，同時兩手倒把，隨身掄打，然後由前後向斜搗，目視棍端。（圖94）

5. 弓步刺棍

圖 96

左腳向前落一步，兩腳碾地，體右轉 180°，兩腿成右弓步，同時兩手反把，掄順舞花，然後向前刺棍，目視棍端。（圖95）

6. 插步倒壓棍

左腳向前上一步，兩腳碾地，體左轉 180°，兩腿成插步，左腿在前，右腿在後，同時左手反把，兩手握棍由左向右撩擺，目視右側。（圖96）

動作不停，兩腳不動，插步不變，左手舉臂移棍。絞棍，然後兩手握棍倒壓，目視後側棍端。（圖97）

圖 97

圖 98

7. 轉身背棍

兩腳碾地，體右轉
270°兩腿成右弓步，同
時兩手倒把，隨身舞
棍，然後左手脫把變掌
前推，掌心向前，右手
挽花背棍，目視左手。
（圖98）

圖 99

8. 馬步挑棍

收右腳落左腳前，右手向後往前掄棍，兩次，然後左手
握住棍端，向後上方擺棍，目視前方。（圖99）

動作不停，左腿向前上一步，兩腳碾地，上體向右擰轉
90°，兩腿半蹲成馬步，同時兩手握棍，由後向前輪打，然
後托棍向前刺，目視左側前方。（圖100）

9. 上步刺棍

體稍左轉，右腳向前上一步，兩腿成右弓步，同時兩手
握棍由前向後再往前掄打，然後兩手倒把向前刺棍，目視前

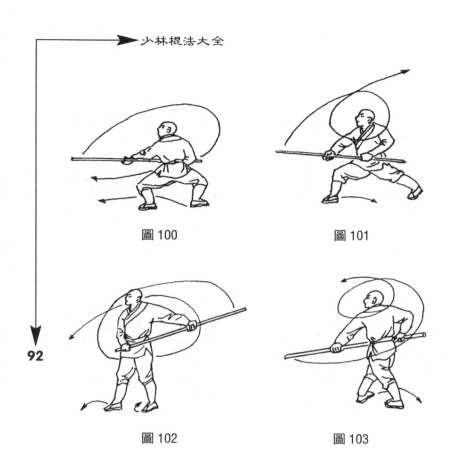

圖 100　　　　　　　　　圖 101

圖 102　　　　　　　　　圖 103

方。（圖 101）

10. 插步後穿棍

　　收右腳落左腳前半步，同時兩手握棍由前向後繞頭掄打，然後向後擺棍，目視前方。（圖 102）

　　動作不停，右腳向前上半步，同時握棍向前掄打。兩腳碾地，體右轉 180°，兩手托棍向前刺棍，然後上體左轉90°，兩腿成插步，兩手倒把，向後穿棍，目視後方棍端。（圖 103）

圖 104

圖 105

11. 上步掄棍

右腳向前上一步，兩手握棍由後向前繞頭掄棍，然後抬臂向左側擺棍，高與耳平，目視棍端。（圖104）

12. 提膝刺棍

圖 106

兩腳碾地，體左轉90°，右腿向前提膝，同時兩手移把，掄順舞花，然後倒把向前刺棍，目視棍端。（圖105）

13. 弓步刺棍

右腳向前落一步，兩腳成右弓步，同時兩手握棍由前向後掄打，然後向前刺棍，棍端斜向上，目視棍端。（圖106）

14. 轉身後擺棍

左腳向前上一步，體隨之右轉150°，同時棍隨身掄

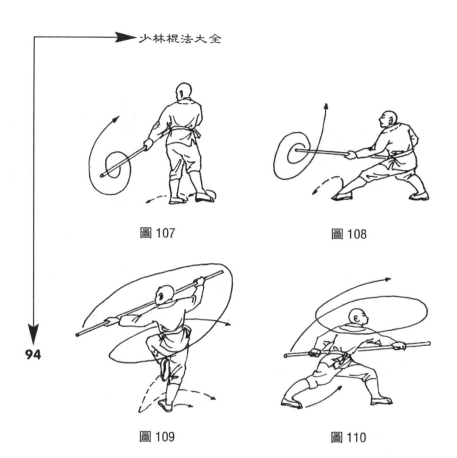

圖 107

圖 108

圖 109

圖 110

打，然後向左側下方撂棍。（圖 107）

15. 絞棍挑棍

兩腳碾地，體左轉 180°，左腳向前上半步，兩腿成左虛步，同時兩手滑把絞棍，然後抖腕挑棍，目視棍端。（圖108）

16. 提膝架棍

左腳向前踮跳一步，右腳落地後抬左腳向左側提膝，同時連續絞棍，然後兩手移把架棍。（圖 109）

17. 轉身托棍

左腳落地，兩腳碾地，體右轉 90° 左腳向前上一步，兩腿成左弓步，同時左右掄舞花，然後兩手移把，托棍，目視前方。（圖110）

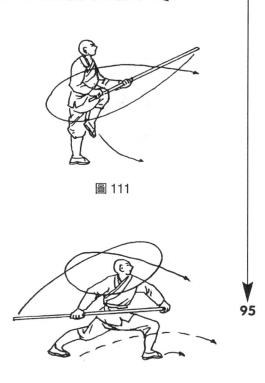

圖 111

18. 提膝刺棍

抬右腿向前提膝，同時兩手握棍向前往後再返前繞頭掄打，然後滑把前刺，目視棍端。（圖111）

19. 跳步劈棍

右腳向前落一步，向前掄棍，然後兩手移把托棍。（圖112）

圖 112

兩腳向前跳一步，左腳落右腳前，成左虛步，同時握棍，隨身向前掄打，然後由上向下猛劈，目視棍端。（圖113）

20. 轉身點棍

兩腳不動，逆絞

圖 113

圖 114

圖 115

96

棍，然後兩手倒把，
向右側點棍，目視棍
端。（圖114）

　　動作不停，兩腳
碾地，體左轉135°，
右腳向前上一步，同
時順絞棍，然後兩手
移把，向右側點棍，
目視棍端。（圖115）

圖 116

21. 插步搗棍

　　兩腳碾地，體左轉270°，兩腿成大插步，同時兩手倒
把，隨身掄棍，然後向左側後下方搗棍，目視棍端。（圖
116）

22. 馬步擺棍

　　右腳向前上半步，兩手滑把，掄舞花。（圖117）

　　動作不停，左腳向後退半步，兩腿成馬步，同時上體左
轉，向左掄半舞花，然後向左側擺棍，目視棍端。（圖

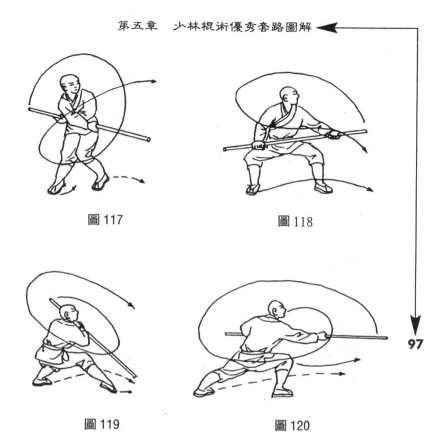

圖 117　　　　　　　　圖 118

圖 119　　　　　　　　圖 120

118）

23. 弓步端棍

兩腳碾地，體左轉 90°，右腳向前上半步，變為右虛步，同時兩手移把由前向後繞頭往前雲棍，然後向左側搗棍。（圖 119）

動作不停，兩腳向前跳一步，右腳落左腳前，兩腿成右弓步，同時兩手握棍由右向左繞頭掄打，然後滑把端棍，抖肩前刺，目視棍端。（圖 120）

圖 121　　　　　　　圖 122

24. 插步托棍

兩腳碾地，體右轉 90°，左腳向前上一步，上體向左轉 90°，兩腿成插步，同時兩手滑把掄舞花，然後向右側後下方搗棍，目視棍端。（圖 121）

25. 彈腿扇棍

左腳向左移一步，抬右腿向右側彈蹬，同時兩手握棍由後向左側前上方扇打，目視左側。（圖 122）

26. 獨立斜托棍

右腳落左腳外側半步，兩腳碾地，體左轉 180°，左腿提膝，同時兩手握棍由上向右往左再返右掄打，然後移把托棍，目視左側。（圖 123）

27. 跳步仆步劈棍

左腳不落地，右腳向左橫跳一步，左腳落右腿左側一步，右腿全蹲，左腿伸直，兩腿成仆步，同時兩手移把，由左向右掄棍，然後隨身勢向左側下方劈棍，目視左側下方。（圖 124）

動作不停，兩腳向右橫跳一步，兩腿成右仆步，同時兩

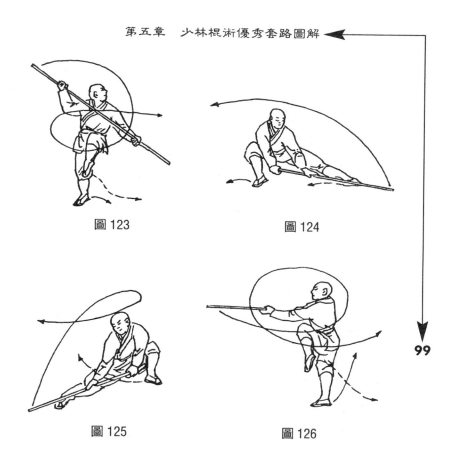

圖 123

圖 124

圖 125

圖 126

手握棍由左向右側劈打，目視右側棍端。（圖 125）

28. 獨立刺棍

起身，兩腳碾地，體右轉 90°，左腳提膝，同時兩手握棍由右向左掄棍，然後隨身向前刺出，目視棍端。（圖 126）

動作不停，左腳向右落一步，兩腳碾地，體左轉 180°，右腿向前提膝，同時兩手握棍，由前隨身掄打，然後向前刺棍，目視棍端。（圖 127）

圖 127

圖 128

29. 歇步背棍

右腳向前落一步，兩腳碾地，體右轉 90°，兩腿成插步，兩手握棍由前向後繞頭返前掄打，然後兩腿全蹲成歇步，左手鬆把，向左撩掌，右手抓棍向右掄半花，然後背於右肩背後，目視左掌。（圖 128）

30. 併步豎棍

圖 129

起身，左腳向左橫移半步，兩腿成小八字步，同時右手持棍由後向前掄棍，然後左手接把，兩手在胸前右側把棍豎直，棍端向上，目視左側。（圖 129）

收　勢

八字步不變，左手脫把，右手鬆把，使棍下滑，棍端沉地，左手變拳，抱於腰間，身胸挺直，目視前方。（同圖

1）

四、少林猿猴棍

（一）歌訣及動作順序

1.歌　訣

少林猿猴棒藝奇，緊那羅王獨一枝。
起勢梅鹿揚塵土，仿似風雨迷眼珠。
夜叉劈妖砸千斤，左右閃打破千軍。
三星穿雲快如梭，文王拉杆虛含實。
呂布托戟敗陣走，踮步打棒突然襲。
猿猴棚樑當千鈞，跳步背棍嚇唬人。
孫聖降妖勇兼智，牛郎擔柴藏虎力。
千斤墜地妖成泥，風掃落葉一剎時。
三絞纏絲碎斷腸，通破元門高一著。
烏龍施風掃千軍，邊打三棒制魔息。
魯班棚天雲霧散，孫聖劈山似雷劈。
上步隔牆似鐵門，轉身劈打破臉皮。
白猴亮棍凱旋歸，猿猴棍法藝卓弟。

2.動作順序

1.梅鹿揚塵	7.猿猴棚架	13.三絞纏絲
2.夜叉劈妖	8.跳步背棍	14.白猴棚架
3.三星穿雲	9.孫聖降妖	15.通破元門
4.文王拉杆	10.牛郎擔柴	16.烏龍施風
5.呂布托戟	11.千斤墜地	17.千斤墜地
6.踮步打棍	12.風掃落葉	18.連打三棒

圖 130 　　　　　　　　　圖 131

102

19. 腋下藏花	23. 魯班架棚	27. 白猴亮棍
20. 巧女紉針	24. 孫聖劈山	收　勢
21. 呂布托戟	25. 上步隔牆	
22. 上步劈棍	26. 轉身劈打	

（二）動作圖解

預備勢

兩足成八字併立，身胸挺直，右手握棍，棍豎身右側站立，左臂下垂，五指併攏，附於身左側大腿外側掌心向裡，目視前方。（圖 130）

1. 梅鹿揚塵

右腳不動，抬左腳移於右腳前成虛步，左手接把，滑把向右側撩撥，目視棍端。（圖 131）

2. 夜叉劈妖

抬左腳向左開一步兩腳碾地，體左轉 90°，兩腿成左弓步，同時兩手持棍由下隨體左轉繞頭掄起。（圖 132）

動作不停，成弓步後棍由上向前下方猛劈狠打，目視棍

圖 138

圖 139

8. 跳步背棍

兩腳向前跳一步，左腳落右腳前，兩腿成左弓步，左手脫棍，右手持棍，由上向後背於右臂後，左手成側立掌向前推出，目視左手。（圖141）

9. 孫聖降妖

右腳為軸，抬左腳向右轉體180°，轉身後兩腿向前跳一步，同時左手接棍，隨身舉過頭頂。（圖

圖 140

105

圖 141

圖 142 　　　　　　　　圖 143

142）

動作不停，右腳落左腳前，再左上腳，體稍右轉兩腿成左仆步，兩手向下滑把，由上向左側下方猛打，目視左側。（圖 143）

10. 牛郎擔柴

圖 144

左腳為軸，體左轉180°，右腳隨身向前上一步，落左腳前，兩腿成右弓步，同時兩手倒把由下向左繞頭往後掄棍，左手脫把，右手握棍擔於右肩，左手左後接把，上體向前傾探，晃腰，目視前方（圖 144）

11. 千斤墜地

兩腳不動，兩手托棍繞頭移身左側，兩手倒把掄舞花，然後托棍前穿。（圖 145）

動作不停，以右腳為軸，體右轉 90°，左腳隨身右轉向

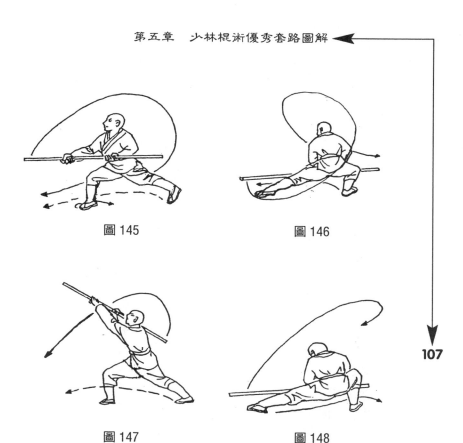

圖 145

圖 146

圖 147

圖 148

右側跳成左仆步，同時兩手握棍由上向左下側猛打，目視左側。（圖146）

12. 風掃落葉

左腳向前跳一步，右腳落左腳前成右弓步，同時，兩手倒把，握棍由下向上向後掄。（圖147）

動作不停，左腳向前踮跳一步，落於右腳前，兩腳碾地，體右轉90°，兩腿成左仆步，兩手倒把，握棍由後向前掃打，目視左側。（圖148）

13. 三絞纏絲

兩腳碾地，體右轉 90°，左腳向前上一步，兩腿成左弓步，兩手滑把，握棍由下隨身向前連上三步，邊上步，邊絞棍，目視左後側棍端。（圖 149）

圖 149

14. 白猴棚架

右腳向前蹯跳一步，落左腳前，兩腳碾地，體左轉 90°，兩腿成左弓步，兩手倒把，握棍向前上方橫推架棍，目視前方。（圖 150）

圖 150

15. 通破元門

右腳向前上一步，使兩腿成右弓步，兩手滑把向前直捅穿戳，目視前方。（圖 151）

圖 151

圖 152　　　　　　　　　圖 153

16. 烏龍施風

左腳碾地，體左轉360°，兩手握棍由前向下往後，反上繞頭隨身橫掃一周，轉身後絞棍向下猛壓，兩腿微蹲，目視前方。（圖152）

17. 千斤墜地

圖 154

兩腿立直，左腳碾地右轉體360°，兩手倒把，棍隨身轉，每轉90°舞一個花，轉到原來方向時，掄最後一個花，然後抬左腳向左移一步，滑把向左側下方劈棍，使兩腿成左仆步，目視左側下方。（圖153）

18. 連打三棒

兩腳碾地，體右轉180°，兩腿成右弓步，兩手滑把，使棍由左下方向上向右繞身後再繞頭向前劈打，目視棍端。（圖154）

圖 155

圖 156

動作不停,兩腳碾地,體左轉 180°,兩腿成左弓步,兩手握棍由前隨身向前劈打,目視棍端。(圖155)

動作不停,右腳向前上一步,兩腿成右弓步,兩手握棍由

圖 157

前向上繞頭往後返前劈打,目視棍端。(圖156)

19. 腋下藏花

左腳向前踮跳一步,右腳落左腳前,兩腿成右弓步,同時,兩手倒把,棍由前向下向後返前掄半舞花,壓於右腋下,目視棍端。(圖157)

20. 巧女紉針

左腳向前踮跳一步,右腳落左腳前,兩腿成右弓步,兩手倒把,使棍由前下向後往前直穿,目視棍端。(圖158)

圖 158

圖 159

21. 呂布托戟

兩腳碾地，體左轉180°，兩手移把由前向下向後隨身向後搗棍，然後右腳向前連續踮跳兩步，目視前方。（圖159）

22. 上步劈棍

兩腳碾地，體右轉180°，左腳向前上半步，左腳落右腳前成左虛步，兩腿倒步，棍由下向左向上隨體左轉向後搗棍，目視前方。（圖160）

動作不停，左腳向前上一步，兩腿成左弓步，同時，兩手反把，向前劈打，目視棍端。（圖161）

圖 160

圖 161

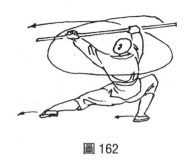
圖 162

圖 163

23. 魯班架棚

右腳向前踮跳一步，左腳落右腳前，兩腳碾地，體右轉90°，兩腿屈膝全蹲，左腿伸直，兩腿成左仆步，同時棍由前向下向後繞頭掄打，形成仆步後移把架棍前推，目視左側。（圖 162）

24. 孫聖劈山

右腳向左橫跳一步，左腳落右腳左側一步，兩腿仍成左仆步，在跳步時左手鬆把，右手握棍由右向左繞頭掄一周，兩腳落地後，左手接把，向左側下方猛劈狠打，目視左側。（圖 163）

25. 上步隔牆

兩腳碾地，體左轉90°，右腳向前上一步，兩腿成右弓步，兩手倒步由前下方向上繞頭往後返前縱推，目視前方。（圖 164）

26. 轉身劈打

兩腳碾地，體左轉180°，右腳向前上一步，兩腿成右弓步，同時，兩手倒把，棍由前向下向後隨身繞頭向身右側

圖 164

圖 165

前方劈打，目視棍端。
（圖 165）

27. 白猿亮棍

兩足不動，掄舞花再
抬左腳向前上一步，同
時，倒成背後舞花，然後
提左膝，左手脫把，右手
鉗棍斜豎胸左側，左臂肘
夾棍亮掌，掌指向上，掌
心向前，目視前方。（圖
166）

圖 166

收　勢

左腳落於右腳左側半步，成八字併立，右手挽棍，由上
向下再返上，右手移把，握棍豎身右側，左臂下垂，五指併
攏附於左大腿側，掌心向裡，挺胸抬頭，目視前方。

五、少林穿梭棍

（一）歌訣及動作順序

1. 歌　訣

少林穿梭棍，湛恆傳秘錦，

戳劈格挑打，磨掃穿撩雲，

扇擺刺壓撥，架攔隨身滾，

猛如下山虎，行如龍騰雲，

跳打一大片，舞棍旋乾坤，

劈聲炸如雷，十六秘技真，

學會穿梭棍，一棒破千軍。

2. 動作順序

預備勢	11. 仆步劈棍	22. 掃棍穿刺
1. 弓步戳棍	12. 獨立戳棍	23. 跳步格棍
2. 上步格棍	13. 上步擺棍	24. 上步擺棍
3. 左仆步劈棍	14. 仆步橫戳棍	25. 背棍撩掌
4. 踮步壓棍	15. 翻身戳棍	26. 丁步背棍
5. 轉身戳棍	16. 上步托棍	27. 弓步戳棍
6. 上步挑棍	17. 獨立上擺棍	28. 跳步架棍
7. 右仆步劈棍	18. 馬步架戳棍	29. 上步戳棍
8. 弓步格棍	19. 馬步壓棍	30. 弓步挑棍
9. 上步磨棍	20. 弓步豎棍	收　勢
10. 轉身戳棍	21. 上步劈棍	

圖 173

圖 174

7. 右仆步劈棍

左腳向前跳一步，右腳落左腳前，兩腳碾地，體左轉 90°，兩腿成右仆步，同時兩手握棍由前向後繞頭掄棍，然後向右側由上向下劈棍，目視棍梢。（圖 174）

8. 弓步格棍

起身，兩腳成右弓步，同時棍掄舞花，然後兩手握棍，向前推格，棍梢斜向上，目視前方。（圖 175）

圖 175

9. 上步磨棍

左腳向前上一步，兩腿成右弓步，同時兩手移把，向前劈棍，然後兩手托棍，由右向左後方橫磨，棍梢向後，上體左轉，目視棍梢。（圖 176）

圖 176　　　　　　　　　　圖 177

10. 轉身戳棍

左腳後退一步，兩腳碾地，體左轉 180°，兩腿成左弓步，同時兩手握棍由後向前掄打。然後隨身向前戳棍，棍梢向前，目視棍梢。（圖 177）

圖 178

11. 仆步劈棍

右腳前上一步，兩腳碾地，體左轉 90°，左腿全蹲，右腿伸直，兩腿成右仆步，同時兩手倒把，向左繞頭掄棍，然後向右側下方劈棍，棍梢向右，目視棍梢。（圖 178）

12. 獨立戳棍

兩腳碾地，體右轉 90°，左腿向前提膝，同時兩手握棍隨身勢向右撩打，然後兩手滑把前戳，棍梢向前，目視棍梢。（圖 179）

13. 上步擺棍

左腳向前落一步，同時兩手倒把，提棍由右向左側前上

圖 179

圖 180

圖 181

方擺打，棍梢向上，目視前方。（圖 180）

14. 仆步橫戳棍

左腳向前跳一步，右腳落左腳前，兩腳碾地，體左轉90°，左腿全蹲，右腿伸直，兩腿成右仆步，同時，兩手握棍由前上方向後掄打，然後隨身勢向右側下方劈棍，目視棍梢。（圖 181）

15. 翻身戳棍

兩腳跳步向右翻身 180°，轉身後兩腿落成右仆步，同

時兩手移把托棍，向右側斜上戳棍，目視棍梢。（圖182）

16. 上步托棍

兩腳碾地，體右轉90°，左腳前上一步，兩腿成左弓步，同時右把下滑，兩手握棍，向後繞頭雲棍，然後右把上滑，兩手托棍，棍梢向前，目視棍梢。（圖183）

17. 獨立上擺棍

右腿向前提膝，同時右手脫把，左手握棍，由前向後往前掄打，然後右手接把，兩手握棍棍由下向右側上方擺打，棍梢向上，目視右側。（圖184）

18. 馬步架戳棍

右腳向右落一步，兩腳碾地，體右轉180°，抬左腳向左移一步，兩腿半蹲，兩腿成馬步，同時，兩手握

圖182

圖183

圖184

圖 185

圖 186

棍，由前向後往前繞頭掄
打，然後兩手滑把棍架
戳，棍梢向右，目視左
側。（185）

19. 馬步壓棍

兩腳跳步左翻轉
180°，轉身後兩腿仍落成
馬步，同時兩手握棍掄舞
花，然後兩手托棍，由上
向下壓，棍梢向右側梢下
方，目視右側。（圖 186）

圖 187

20. 弓步豎棍

兩腳碾地，體左轉 90°，右腳前上一步，兩腿成右弓
步，同時兩手握棍順絞花然後舉右臂豎棍，棍梢向上，目視
右側。（圖 187）

21. 上步劈棍

左腳前上一步，兩腿成左弓步，同時兩手握棍由上向下

圖 188　　　　　　　　　　圖 189

122

往後掄上打，然後兩手倒
把，向前劈棍，上體向前微
俯，目視棍梢。（圖 188）

22. 掃棍穿刺

右腳前上一步，兩腳成
右弓步，同時左手滑把，兩
手握棍，由前向右掃棍，然
後兩手再移把，托棍穿刺，
棍梢向前，目視棍梢。（圖
189）

圖 190

23. 跳步格棍

左腳向前踮跳一步，右腿落左腿前，同時右手向後滑
把，兩手握棍由前繞頭向後返前掄打，然後兩手握棍舉臂向
前橫斜格棍，棍梢向下，目視前方。（圖 190）

24. 上步擺棍

左腳向前上一步，兩腿成左弓步，同時兩手移把掄舞
花，然後兩手倒把，舉棍由右向左側前上方斜擺閃打，棍梢

圖 191

圖 192

斜身上，目視棍梢。（圖191）

25. 背棍撩掌

兩脚向前跳一步，同時左手脫把，右手握棍由前向後掄棍，然後向右展背棍，左掌向左展臂撩出，目視左掌。（圖192）

圖 193

123

26. 丁步背棍

兩脚碾地，體右轉90°，左脚前上半步，落於右脚左側，足尖點地，足跟提起成左丁字步，同時右手握棍隨轉身向右側掄舞花，然後向後隱臂背棍，左手向前屈肘亮掌，掌心向右，兩腿半蹲，目視左掌。（圖193）

27. 弓步戳棍

右脚向前上一步，兩腿成右弓步，同時，右手握棍，旋腕反臂倒掄向前，左手接把，向前戳棍，目視棍梢。（圖194）

圖 194　　　　　　　　　　圖 195

28. 跳步架棍

兩腳向前踮跳一步，右腳落左腳前，兩腿成右弓步，同時兩手握棍向下往後掄打，然後，移把舉臂架棍，目視前方。（圖 195）

29. 上步戳棍

左腳向前上一步，兩腿成左弓步，同時兩手握棍由上向下向後划撩，然後倒把握棍向前斜下戳棍，目視棍梢。（圖196）

30. 弓步挑棍

右腳前上一步，兩腳成右弓步，同時兩手握棍由前向後撩打，然後倒把托棍上挑，棍梢斜向上，目視右側。（圖197）

收　勢

收右腳與左腳成小八字步，同時兩手握棍由上向下劈，然後左手脫把變拳，抱於腰間，拳心向上，右手握棍豎於身右側，棍梢向上，身胸挺直，目視前方。（圖167）

圖 196　　　　　　　　圖 197

六、少林流星棍

（一）歌訣及動作順序

　　據《少林寺棍譜秘傳》記載：少林流星棍是少林寺燒火僧緊那羅和尚所傳，該棍的主要特點是善用猛劈、直刺、下壓、高旋掄打、橫擊和下砸頭部。在步法上善跳、速進，快如流星、疾如閃電，故後僧稱曰流星棍。

1. 歌　訣

　　流星棍法旋乾坤，火棍一燒摧瘟神，

　　聲聲劈打如炸雷，疾如流星穿九雲。

2. 動作順序

預備勢	5. 跳步劈棍	10. 箭步劈棍
1. 弓步刺棍	6. 弓步擺棍	11. 馬步架棍
2. 跳步劈棍	7. 攔腰棍	12. 舞花托棍
3. 上步架棍	8. 跳步挑棍	13. 上步格棍
4. 弓步刺棍	9. 上步劈棍	14. 仆步劈棍

15. 舞花格棍　　20. 跳步格棍　　25. 弓步劈棍
16. 跳步劈棍　　21. 馬步壓棍　　26. 跳步壓棍
17. 上步刺棍　　22. 獨立豎棍　　27. 弓步挑棍
18. 弓步背棍　　23. 托棍回望　　收勢
19. 轉身刺棍　　24. 馬步推棍

（二）動作圖解

預備勢

足立八字，右手握棍，豎立右側，棍梢向上，左手屈肘握拳，抱於腰間，身胸挺直，目視前方。（圖198）

1. 弓步刺棍

左腳向左開一步，兩腳碾地，體左轉90°，兩腿成左弓步，同時左手接棍，兩手倒把向前刺棍，目視棍端。（圖199）

2. 跳步劈棍

兩腳向前跳一步，左腳在前，同時左手向後滑把向左外上方撥棍，然後由上向下劈棍，再反把絞棍，目視棍端。

圖198　　　　　　　　　　圖199

圖 200

圖 201

（圖 200）

3. 上步架棍

　　右腳向前上一步，兩腿成右弓步，同時向右掄棍，然後兩手滑把向前舉劈架棍，棍端斜向前方，目視前方。（圖 201）

圖 202

127

4. 弓步刺棍

　　左腳前上一步，兩腿成左弓步，同時，降右臂滑把，向前刺棍、棍端向前，目視前方。（圖 202）

5. 跳步劈棍

　　兩腳向前跳一步，右腳在左腳前，兩腳碾地，體左轉90°，兩腿成低勢弓步同時兩手倒把，向右繞頭掄打，然後向右前方劈棍，目視棍端。（圖 203）

6. 弓步擺棍

　　兩腳不動，重心左移兩腿成左弓步，同時兩手握棍向左

圖 203

圖 204

128

撩打，然後向左側
上方擺棍，目視右
側，上體向左側傾
斜，棍端斜向上。
（圖 204）

7. 攔腰棍

兩腳碾地，體
左轉 90°右腳前上
一步，兩腿成右弓

圖 205

步，同時兩手換把，使棍由右向左攔打，然後反把向前刺
棍，目視前方。（圖 205）

8. 跳步挑棍

左腳向前踮跳一步，右腳落左腳前，兩腿成右弓步，同
時向左絞棍，然後由下向上挑棍，目視前方。（圖 206）

9. 上步劈棍

左腳前上一步，兩腿成左弓步同時兩手倒把，向前劈
棍，目視前下方。（圖 207）

圖 206　　　　　　　　圖 207

圖 208　　　　　　　　圖 209

129

10. 箭步劈棍

兩腳不動，兩手換把前刺（圖 208），然後向前箭跳一步，兩腿成大岔步，同時向左舞花，棍隨身向前劈，目視棍端。（圖 209）

11. 馬步架棍

兩腳跳步向左翻轉 180°，轉身後兩腿成大岔步，同時向右掄棍，然後兩手滑把向前繞頭斜架棍，目視左側。（圖 210）

圖 210

圖 211

12. 舞花托棍

兩腳碾地，體左轉 90°，同時，右腳向前上一步。向左掄棍，再抬右腳向前上一步，向右掄棍，然後上體稍向右轉，兩手向外滑把，抖臂晃臂托棍，目視左側。（圖 211）

圖 212

13. 上步格棍

兩腳碾地，體左轉 90°，兩腳成左弓步，同時兩手向內滑把，豎棍前推，棍端向上，目視前方。（圖 212）

14. 仆步劈棍

兩腳前跳一步，左腳落右腳前，成左弓步，同時，向左掄舞花，然後向前劈棍，目視前方。（圖 213）

15. 舞花格棍

兩腳不動，兩手倒把，向左右掄舞花（圖 214），然後

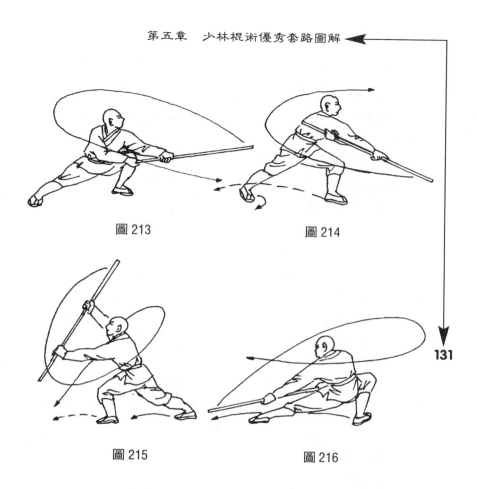

圖 213

圖 214

圖 215

圖 216

兩腳碾地，體右轉 180°，抬左腳前上一步，兩腿成左弓步，同時棍隨身轉，倒把前格，棍端斜向後，目視前方。（圖 215）

16. 跳步劈棍

兩腳向前跳一步，左腳落右腳前，左腿仆地伸直，右腿全蹲，兩腿成左仆步，上體向右擰轉，同時兩手握棍向左側下方猛劈，目視棍端。（圖 216）

17. 上步刺棍

起身，右腳前上一步，兩腿成右弓步，同時兩手移把，隨身向右掄舞花，然後向前刺棍，目視棍端。（圖217）

18. 弓步背棍

兩腳不動，右手向下滑把，向上繞頭雲旋（圖218）。接著，左腳向前

圖217

踮跳一步，右腳落左腳前，兩腿成右弓步，同時左手脫把，右手握棍向左掄打，然後上體左轉，束身低頭，繞棍背後，左手向左撩出，目視左側。（圖219）

19. 轉身刺棍

兩腳碾地，體左轉180°，兩腿左弓步，同時右手握棍，由後向前隨身掄打，然後左手接把，向前平刺，目視棍

圖218

圖219

圖 220

圖 221

端。（圖 220）

20. 跳步格棍

右腳向前踮跳一步，左腳落右腳前，兩腿成左弓步，上體向左擰轉 45°，同時兩手握棍，倒掄舞花，向後向前直刺，目視棍端。（圖 221）

圖 222

21. 馬步壓棍

兩腳碾地，體右轉 135°，兩腿屈膝半蹲成馬步，同時，左右掄舞花，然後再由右向左側壓棍，目視左側下方。（圖 222）

22. 獨立豎棍

右腳向左橫一步，左腳落右腳左側一步，左腿提膝，同時，兩手移把，順掄舞花，然後和向右側提棍直豎，棍端向上，目視左側。（圖 223）

133

圖 223　　　　　　　　　圖 224

23. 托棍回望

左腳向左落一步，兩腳成右弓步，同時雙手握棍前劈，然後兩手倒把，斜托棍，棍端向後，目向後視。（圖 224）

24. 馬步推棍

左腳前上一步，兩腳碾地，體右轉 90°，兩腿屈膝成馬步，同時兩手倒把，隨上步轉身掄花，然後握棍前推，目視右側。（圖 225）

25. 弓步劈棍

兩腳碾地，體左轉 90°，抬右腳向前上一步，兩腿成右弓步，同時棍隨身掄半舞花，然後向前下方劈棍，目視前下方。（圖 226）

26. 跳步壓棍

左腳向前跳一步，右腿向後提膝，同時兩手滑把，握棍由前向後下方壓，棍端向後，目視左側。（圖 227）

21. 雄鷹穿林
22. 呂布托戟
23. 烏龍翻江
24. 羅漢藏劍
25. 轉身托棍
26. 二郎擔山

27. 仆地視錦
28. 蘇秦背劍
29. 騰空劈棍
30. 後倒身勢
31. 鯉魚打挺
32. 橫掃千軍

33. 獵人打虎
34. 蘇秦背劍
35. 蛟龍翻江
36. 童子拜佛
37. 收　勢

（二）動作圖解

預備勢

兩腳成小八字併立，右手握棍，豎於身右側，棍梢向上（圖 229），左掌屈肘向內，亮於胸前，掌指與喉凹相平，掌心向右，身胸挺直，目視前方。

1. 霸王舉旗

右腳向前半步，左腳向前一步成虛步，左手下沉變拳，抱於腰間，右手握棍向前推，棍梢向上，目視前方。（圖 230）

圖 229

圖 230

圖 231　　　　　　　　　圖 232

2. 風掃殘雲

右腳向左跨一步，體左轉 90°上右腳成右弓步，同時左拳變掌，向前推出，掌心向前，右手持棍隨身繞頭向右橫打，然後背於右臂背後，目視左掌前方。（圖 231）

3. 金雞獨立

右腳向後退半步，體右轉 90°，抬左腿提膝，同時右手棍由後向前掄，左手接棍，舉右臂斜托，棍梢向下，目視左側。（圖 232）

4. 橫斷千金

左腳向左落一步，兩腳碾地，體右轉 90°，兩腿成右弓步，同時兩手握棍由左向右平掃，目視棍梢。（圖 233）

圖 233

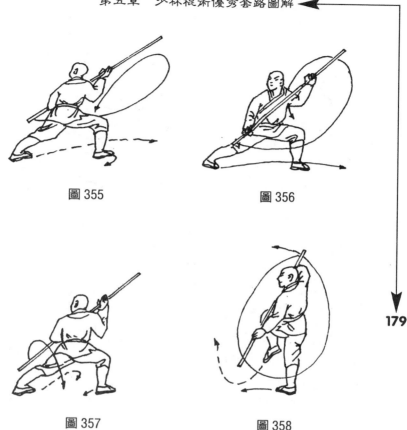

圖 355　　　　　　　　　　圖 356

圖 357　　　　　　　　　圖 358

19. 獨立撥棍

右腳不動，收左腳提膝，同時兩手沉把握棍，由右向左後側下方撥棍，目視棍下端。（圖 358）

20. 跳步踢棍

抬右腳（體稍左轉）向前跳一步，左腿向前彈踢，同時兩手握棍掄半舞花，然後向前壓棍擊打左腳尖，目視前方。（圖 359）

圖 359

圖 360

21. 弓步架推

左腳落右腳前一步，右腳前上一步，兩腿成右弓步，同時倒把由前向後反前繞頭雲棍，然後左手舉臂架棍前推，目視前方。（圖 360）

22. 馬步壓棍

兩腳跳起向左翻轉180°，兩腳落成馬步，同時兩手倒把握棍由上向下屈肘橫壓，目視前方。（圖 361）

圖 361

23. 白虎攔路

右腳移於身後左側一步，兩腳碾地，體右轉180°，兩腿成右弓步，同時兩手握棍隨身掄半舞花，然後兩手倒把向前由右往左攔打，目視棍端。（圖 362）

24. 跳步背棍

兩腳向左橫跳一步，左腳落右腳前，兩腿成左弓步，同

圖 362

圖 363

時兩手握棍掄半舞花，然後左
手鬆把，右手挽棍背於右肩背
後，棍梢向上，左手向前穿
出，掌心向下，目視左手。
（圖 363）

25. 三步悠棍

左腳不動，右腳前上一
步，落左腳前半步，兩腿微
蹲，同時右手挽棍由後往前悠
打，左手接把，兩手握棍前
推，目視前方。（圖 364）

右腳不動，左腳向上半
步，兩腿微蹲，同時兩手握棍
反把向前掄悠，目視前。（圖
365）

左腳不動，右腳向前上半
步，兩腿微蹲，同時兩手握棍

圖 364

圖 365

181

圖 366

圖 367

反把向前悠棍，目視前方。
（圖 366）

26. 中平刺棍

兩腳不動，兩手握棍反
把由下向前方刺棍，目視棍
梢。（367）

27. 三臥枕勢

右腳向前上半步，兩腳
碾地，體左轉 90°，兩腿成

圖 368

右橫弓步，同時兩手握棍向左繞頭扇打，升右臂，沉左把，
向右側上方身悠棍，上體向右傾斜，目視左側。（圖 368）

左腳向右腳後外側移一步，兩腳碾地，體左轉 180°，
兩腿成左橫弓步，同時兩手握棍隨身後右劈打，然後升左
臂，沉右把向左上方附身悠棍，上體稍向左傾，目視右側。
（圖 369）

右腳前上一步，兩腳碾地，體左轉 180°，兩腿成右橫
步，同時兩手握棍向左撩打，然後升右臂，沉左把，兩手握

圖 369

圖 370

棍向右側上悠斜棍，上體
向右側微傾，目視左側。
（圖 370）

28. 提膝撥棍

右腳不動，收左腳提
膝，同時兩手握棍沉把由
右向左側後方撥棍，目視
棍下端。（圖 371）

29. 單叉劈棍

左腳不落地，抬右腳
向左橫跳一步，左腳落右
腳左側一步，左腳仆地伸
直，右腿全蹲，兩腿成左
仆步，同時兩手倒把握棍
向左側下方劈打，目視左
側。（圖 372）

圖 371

183

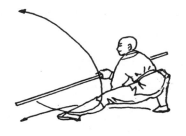

圖 372

圖 373　　　　　　　　　圖 374

30. 上步架棍

起身，右腳前上一步，兩腿成右弓步，同時兩手倒把由前向上往後撩棍，然後反前舉臂架棍，目視前方。（圖373）

31. 翻身壓棍

兩腿跳起向左翻轉 180°，兩腿成馬步，同時兩手握棍隨身倒把向前屈肘壓棍，目視右側。（圖374）

32. 轉身攔打

左腳向後退一步，兩腳碾地，體右轉 180°，兩腿成縱弓步，同時兩手倒把握棍隨身由左向右攔打，目視棍端。（圖375）

33. 跳步背棍

兩腳向左側前跳一步，左腳落右腳前一步，兩腿成左馬步，同時兩手向前滑把隨身掄舞花，然後左手鬆把，右手挽棍斜背於向身後，左手向前伸出，掌心向下，目視前方。（圖376）

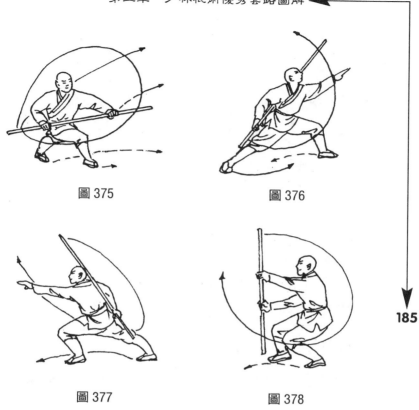

圖 375　　　　　　　　圖 376

圖 377　　　　　　　　圖 378

185

　　兩腳跳起向左翻轉 180°，轉身後腳落成左弓步，同時右手握棍後向前繞頭掄打，然後左手接把掄舞花，然後左手鬆把，右手挽棍背於身後右側，左手向前伸出，掌心向下，目視左掌。（圖 377）

34. 三步悠棍

　　左腳不動，右腳前上半步，兩腿半蹲，同時右手握棍由後向下反前悠打，然後左手接把向前推棍，目視前方。（圖378）

圖 379

圖 380

右腳不動，左腳前上半步，兩腿微蹲，同時兩手握棍反把向前悠棍，目視前方。（圖 379）

左腳不動，右腳向前上半步，兩腿微蹲，同時兩手握棍反把向前悠棍，目視前方。（圖 380）

35. 中平刺棍

圖 381

兩腳不動，兩手握棍反下向前平刺，目視前方。（圖 381）

36. 三臥枕勢

右腳向前上一步，兩腳碾地，體左轉 90°，兩腿成右橫弓步，同時握棍向左側撩打，然後隨身斜附於身前右側，上體微向右傾，目視左側。（圖 382）

左腳向前上一步，兩腳碾地，體右轉 180°，兩腿成左橫弓步，同時兩手握棍向右側撩打，然後隨身斜附於前左

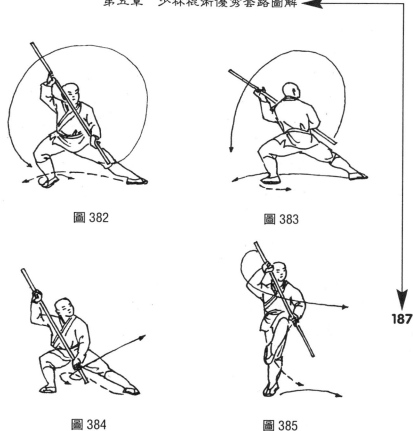

圖 382

圖 383

圖 384

圖 385

側，上體微向左傾，目視右側。（圖383）

　　右腳向前上一步，兩腳碾地，體左轉180°，兩腿成右橫弓步，同時兩手握棍隨身向右側撩打，然後握棍斜附於身前右側，上體微向右傾，目視左側。（圖384）

37. 提膝撥棍

　　右腳不動，收左腳提膝，同時兩手握棍向左後側下方撥棍，目視左側下方棍端。（圖385）

圖 386

圖 387

38. 弓步架棍

左腳向左落一步，兩腳碾地，體左轉 90°，右腳前上一步，兩腿成右弓步，同時兩手握棍，施右把隨身向前打，然後兩手舉臂架棍，目視前方。（圖 386）

39. 馬步壓棍

右腳後退一步，兩腳碾地，體右轉 90°，兩腿屈膝半蹲成馬步，同時兩手握棍隨身向右側撩打，然後兩手握棍向右側下壓，目視右側。（圖 387）

40. 快步絞棍

兩腳碾地，體左轉 90°，右腳前上一步，同時兩手握棍向後由右向左絞棍，目視右後方棍梢。（圖 388）

左腳前一步，逆絞棍，再抬右腳向前快速上一步，順絞棍。（圖 389）

41. 箭步壓棍

兩腳向右前方縱跳一大步，體向右翻轉 180°，同時兩手舉棍高掄。（圖 390）

落地後右腳在前，兩腳碾地，體左轉 90°，兩腿屈膝成

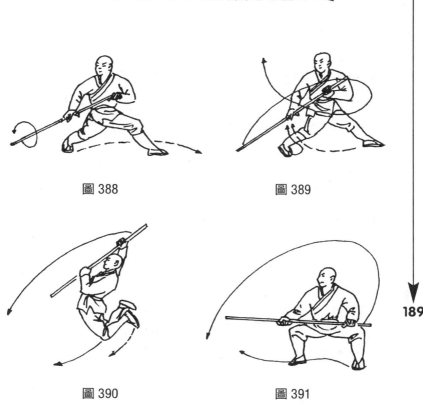

圖 388　　　　　　　　圖 389

圖 390　　　　　　　　圖 391

189

馬步，同時兩手握棍由上向下
向右側劈棍，目視右側。（圖
391）

42. 仆步劈棍

　　兩腳碾地，體右轉 90°，
左腳前上一步，兩腿成左仆
步，同時兩手握棍向前劈打，
目視棍端。（圖 392）

圖 392

43. 弓步格棍

起身，兩腿成左弓步，
同時兩手反把握棍向前舉，
左臂上舉右臂下沉推棍斜
格，上體微向前傾，目視棍
下端。（圖393）

44. 跳步背棍

兩腳向前跳一步，左腳
落右腳前，兩腿成左弓步，
同時左手向下滑把，掄舞

圖 393

花，然後左手鬆把，右手挽棍斜背於身後，左手向前伸出，
掌心向下，目視左手。（圖394）

45. 三步悠棍

左腳不動，右腳向前上半步，兩腿微蹲，同時右手握棍
由後向前掄打，左手接把，兩手握棍前推，目視前方。（圖
395）

右腳不動，左腳前上半步，兩腿微蹲，同時兩手反把向

圖 394

圖 395

圖 396

圖 397

前悠棍，目視前方。
（圖 396）

　　左腳不動，右腳前
上一步，兩腿微蹲，同
時兩手反把向前悠棍，
目視前方。（圖 397）

46. 中平刺棍

　兩腳不動，兩手握棍
由後向前直刺，目視前
方。（圖 398）

圖 398

47. 弓步架棍

　　右腳前上半步，兩
腿成右弓步，同時兩手
握棍由前向後繞頭旋
打，然後兩手倒把舉臂
架棍，目視前方。（圖
399）

圖 399

圖 400

圖 401

48. 仆步砸棍

左腳前上一步，兩腿成仆步，同時兩手握棍由上向下方劈砸，目視棍梢。（圖 400）

起身，兩腳速向前踮跳一步，左腳落右腳前，兩腿成左仆步，同時兩手倒把由上向下前劈棍，目視前下方。（圖 401）

圖 402

49. 上步架格

右腳前上一步，兩腿成右弓步，同時兩手倒把由前向後撩棍，然後舉左臂向前斜架棍，目視前方。（圖 402）

50. 馬步壓棍

右腳後退一步，兩腳碾地，體右轉 180°，兩腿成馬步，同時兩手握棍隨身向右撩刺，然後兩手屈肘前壓，目視右側。（圖 403）

圖 403

圖 404

51. 攔腰閃打

右腳後退一步，兩腳碾地，體右轉 180°，兩腿成右縱弓步，同時兩手握棍由左隨身向右攔打，目視左側上方。（圖 404）

52. 馬步背棍

右腳不動，左腳向左移一步，兩腿屈膝成馬步，同

圖 405

時右手換把掄半舞花，左手鬆把，右手挽棍背於右臂後，棍梢向上，左手向前屈肘亮掌，手心向右，掌指向上，目視前方。（圖 405）

收 勢

右腳不動，收左腳與右腳成併步，同時右手握棍向右側挽半花，然後豎棍，左手由內向下向外往上畫弧，再垂臂伸指，身胸挺直，目視前方。（圖 324）

十、少林大夜叉棍

（一）歌譜及動作順序

少林大夜叉棍起棍源於明代初期。據《少林拳戈總譜》記載：有燒火僧緊那羅所創，後有在寺習武的俗家弟子沖程斗編成口訣編入《少林棍譜》。

大夜叉棍是小夜叉棍的基礎上發展起來的套路，具有攻猛出疾，劈打如炸雷、招勢多變的特點，技法以劈、打、掃、撥、戳、拉、撩、挑、刺、搗和反把後刺等法攻擊對方，又以滾、縮、閃、跳等法躲避對方之攻招。

少林大夜叉棍是少林棍術的代表套路，也是習少林棍術的基礎技法之範。

194

1. 歌　譜

　　　　大小夜叉棍，源出少室山，
　　　　那那傳真技，棍棍趕瘟神，
　　　　劈打一條線，挑上散烏雲，
　　　　搗下開地泉，左右撥右滾，
　　　　橫刺如穿梭，燒棍似火輪，
　　　　善旋回馬槍，掃潑伐巨森，
　　　　聲聲如炸雷，棍棍邁紅雲，
　　　　五十四招技，此乃夜叉棍。

2. 動作順序

1. 高四平勢	4. 三打槍勢	7. 群攔勢
2. 中四平勢	5. 高搭袖勢	8. 伏虎勢
3. 低四平勢	6. 邊攔勢	9. 定膝勢

10. 潛龍勢
11. 鐵牛耕地勢
12. 弧雁出群勢
13. 敬德倒拉鞭
14. 刀出鞘勢
15. 地蛇槍勢
16. 提槍勢
17. 騎馬勢
18. 穿袖勢
19. 仙人坐洞勢
20. 烏龍翻江勢
21. 披身勢
22. 呂布倒拖戟勢
23. 飛天叉勢
24. 沉香劈華山勢

25. 順步劈山勢
26. 剪子股勢
27. 壯漢亂劈柴勢
28. 黑風雁展翅勢
29. 高提勢
30. 烏雲罩勢
31. 通袖勢
32. 劈山勢
33. 霸王上弓勢
34. 朝天槍勢
35. 金剛槍瑟琶勢
36. 挎劍勢
37. 左右獻花勢
38. 盡頭槍勢
39. 高搭手勢

40. 單提勢
41. 金雞獨立勢
42. 倒拖荊棘勢
43. 二郎擔山勢
44. 鳳凰展翅勢
45. 下插勢
46. 挾衫勢
47. 一提金勢
48. 秦王挎劍勢
49. 前攔槽勢
50. 勾掛硬靠
51. 橫撐勢
52. 單打手勢
53. 鎖口槍勢
54. 鐵扇緊關門勢

195

（二）動作圖解

1. 高四平勢（圖406）

四平高勢變換活，槍來紮腰同拿法，
打前手蹲身打下，棍底槍搭袖可脫。

2. 中四平勢（圖407）

中四平勢真個奇，神出鬼沒不易知，
劈棍縱橫隨意變，槍勢推尊永不移。

3. 低四平勢（圖408）

四平低勢上著白蛇弄風，拿捉任意左右辟來。
邊群二攔隨作，棍高可紮前拳。

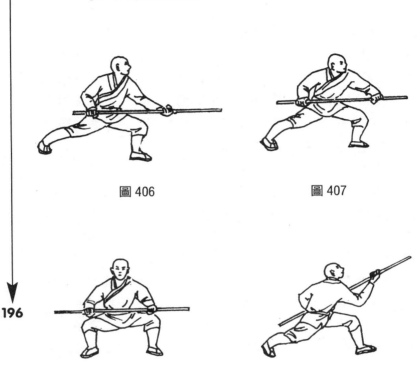

圖 406　　　　　　　　圖 407

圖 408　　　　　　　　圖 409

惟怕搭袖高削，出收如就穿梭。

4. 三打槍勢（圖409）

持棍須知合陰陽，紮人單人最為良，
前手放時後手盡，一寸能長一寸強，
陰出陽收防救護，順立二攔收敗槍，
紮人無知比著妙，中平一點是槍王。

5. 高搭袖勢（圖410）

勢名搭袖棍壁立，前虛後實在呼吸，

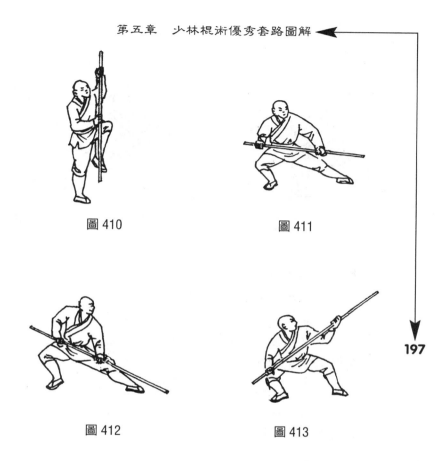

圖 410

圖 411

圖 412

圖 413

　　　側身抖臂非眞勢，顚步平拿圈外人，

　　　力弱勢低不吾降，惟恐鵪鶉單打緊。

6. 邊攔勢（圖 411）

　　　左號邊攔右群攔，兩邊拿紮不為難，

　　　惟有穿提柔勢妙，防他左右棍頭鑽。

7. 群攔勢（圖 412）

本勢大意與邊攔勢相彷彿，惟提棍勁稍著下，功用亦相

似。

圖 414

圖 415

8. 伏虎勢（圖413）

　　伏虎頭高不量推，挨稍即進莫徘徊，

　　左右扎吾劈打量，高低打我促提開，

　　搭袖勢來誰可畏，猶有四平堪取裁。

9. 定膝勢（圖414）

　　定膝立勢似伏虎，劈拿捉打我為主，

　　倘遇搭袖高打來，順變二攔來救補。

10. 潛龍勢（圖415）

　　潛龍棍首落，諸勢以靜降，

　　四路無空著，惟防虎口槍。

11. 鐵牛耕地勢（圖416）

　　鐵牛耕地甚則強，蹦上打下最難當，

　　撲鵪鶉來硬打硬，莫若變勢另思量。

12. 弧雁出群勢（圖417）

　　圈外有敗槍，弧雁出群走，

　　回打撲鵪鶉，無論單雙手，

　　其棍橫在左膝上，或單手或雙手以便劈打。

圖 416

圖 417

圖 418

圖 419

13. 敬德倒拉鞭（圖 418）

　　圈裡有敗槍，拉鞭有救護，
　　風捲殘雲入，刀出鞘回顧，
　　雙手劈開槍，群攔進左步。

14. 刀出鞘勢（圖 419）

　　刀出鞘棍在後，單手棍打入，
　　拉鞭向後走，再進風捲殘雲，
　　依舊出鞘單手。

圖 420

圖 421

圖 422

圖 423

15. 地蛇槍勢（圖 420）

　　高槍縶而不攔遮，地蛇伏下最為佳，

　　他用提槍偷步進，死蛇變作活蛇跨。

16. 提槍勢（圖 421）

　　提主降低槍，棍起任拿捉，

　　難測彼穿提，甚勿漫相角。

17. 騎馬勢（圖 422）

　　騎馬非順步，推開上右足，

圖 424　　　　　　　　　圖 425

穿袖難可拿，不如伏虎速。

18. 穿袖勢（圖 423）

圈外勢難當，穿袖推開妙，
群攔避裡槍，退步人難料，
上腳打旋風，定勢刀出鞘。

19. 仙人坐洞勢（圖 424）

穿袖上外槍，槍來坐洞躲，
躲過便計槍，單手急如火。

20. 烏龍翻江勢（圖 425）

先立群拉左右拿，再用翻江方得確，
他棍不論假和眞，我纏棍底盡拿捉，
左拉右拉步緊頭，還槍跳出龍拿著。

21. 披身勢（圖 426）

圈內先需發哄槍，順勢彼身示不迫，
他上穿提來逼吾，拖戟退時隨手格，
回身右足推向前，便成騎馬敵人側。

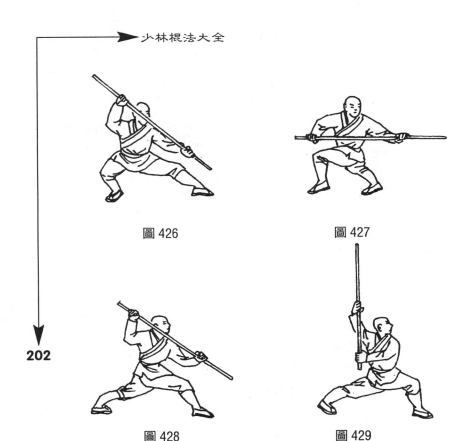

圖 426

圖 427

圖 428

圖 429

22. 呂布倒拖戟勢（圖 427）

　　抽身拖戟是進勢，門戶在稍分開閃，

　　進步捉拿均四平，攔開騎馬圈外濟，

　　欲知單人進禮入，惟有稍開方可制。

23. 飛天叉勢（圖 428）

　　飛天叉××× ，圈外防穿提×× ，

　　提須用纏捉極× ，虎口槍來伏虎攔，

　　此勢手與翻江異，變換出入皆一般。

圖 430

圖 431

203

24. 沉香劈華山勢（圖 429）

劈山右手前，打下明放隙，

圈外乘吾虛，順勾隨順劈。

25. 順步劈山勢（圖 430）

圈外立劈山，陰圈順推出，

提棍削前拳，快似剪子股。

26. 剪子股勢（圖 431）

手不同分用則同，剪子股勢類穿袖。

提拿不怕紮高低，劈紮何愁攻左右。

圈內圈外他拿開，劈山劈柴我退救。

27. 壯漢亂劈柴勢（圖 432）

劈柴換手圈裡認，右纏右劈那步進。

28. 黑風雁展翅勢（圖 433）

雁翅先勾圈外槍，鎖口紮來蹦打易，

其棍橫在左腰胯間。

圖 432

圖 433

204

圖 434

圖 435

29. 高提勢（434）

　　提棍要過頭，他起我便勾，

　　跟棍上圈外，罩頂打不休。

30. 烏雲罩勢（圖435）

　　罩頂在圈外，身已入棍間，

　　劈下他勾我，剪步退群攔。

31. 通袖勢（圖436）

　　通袖勢真個奇，上下左右無空著，

圖 436　　　　　　　　　　圖 437

提拿劈捉任施為，縱他左右能猛劈，
邊群二攔順勢支。

32. 劈山勢（圖 437）

劈勢立✕磨旗，特輸後手餌入，
槍來縮手勢✕，彼✕遮射何及。

33. 霸王上弓勢（圖 438）

上弓蹦打雁翅同，須知左右虛實異，
若從圈裡兼外穿，惟有纏攔是救地。

34. 朝天槍勢（圖 439）

朝天三不靜，以柔制剛同，
勾開打胸後，名喚一窩蜂，
待勾回棍打，高祖斬蛇雄，
他拿我掃腳，群攔出待攻。

35. 金剛槍瑟琶勢（圖 440）

縈我虛實難知，退步穿勾且咀。
認真推棍劈下，圈外槍來尤恐。
新力遇此急求生，顯不平甚拿龍。

圖 438

圖 439

圖 440

圖 441

36. 挎劍勢（圖441）

跨劍放空待入縈，打開移步變群攔，

他打勾開復跨劍，斜上單打防取難。

37. 左右獻花勢（圖442、443）

左足高懸在獻花，橫打換手右獻花，

左纏左打出攔進，右纏右打穿袖如。

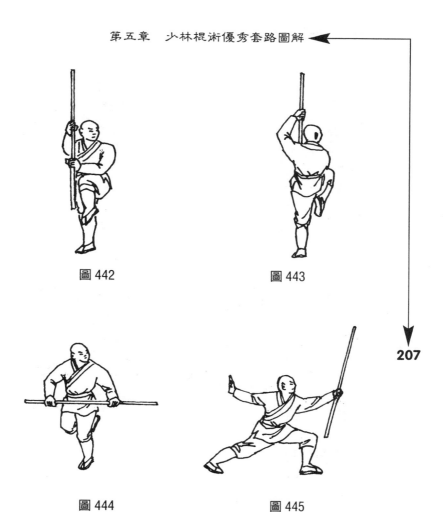

圖 442　　　　　圖 443

圖 444　　　　　圖 445

38. 盡頭槍勢（圖 444）

盡頭槍與原異，偷步上斜行極利，

虎口槍示我不防，待乘虛巧拿難避。

39. 高搭手勢（圖 445）

搭手單提均是哄手，後手指棍劈拿皆有。

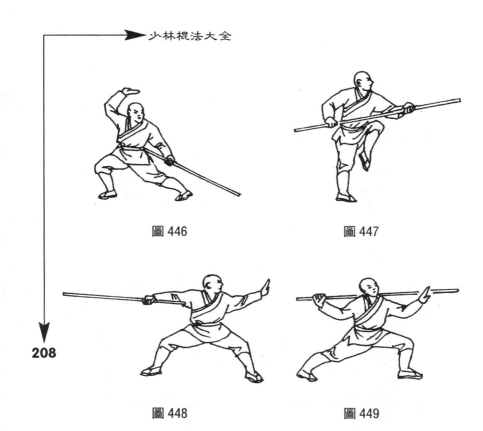

圖 446　　　　　　　　　圖 447

圖 448　　　　　　　　　圖 449

40. 單提勢（圖 446）

註：此勢沒歌訣

41. 金雞獨立勢（圖 447）

彼紮是兮我紮面，惟懸足兮獨止便。

42. 倒拖荆棘勢（圖 448）

紮人一槍棍丟後，此時逆局稱詐鬥。

打前走後有多般，均與拉鞭無差謬。

43. 二郎擔山勢（圖 449）

擔山勢用兩船，紮來撩打變鞘，不紮開劈華山。

圖 450 　　　　　　　　　　圖 451

44. 鳳凰展翅勢（圖 450）

展翅勢開始著希，上用稍攔下根堤。

進步翻稍隨打人，以著須用陰手攜。

45. 下插勢（圖 451）

旋風掃地勢難移，惟有下插硬槽抵，

喚勢單手高劈下，重如霹靂快知矢。

46. 挾衫勢（圖 452）

挾衫變勢甚多船，斜上出洞為最速。

47. 一提金勢（圖 453）

入懷難用長棍，故取陰手緊密，

固外須用棍根，連步打手最疾。

48. 秦王挎劍勢（圖 454）

提金翻棍擠進懷，秦王跨劍棍緊挨。

49. 前攔槽勢（圖 455）

前攔槽亦陰手棍，起稍厭封翻根進打首。

50. 勾掛硬靠（圖 456）

前攔槽勢打圈裡，勾掛硬靠走圈外。

210

圖 452

圖 453

圖 454

圖 455

圖 456

圖 457

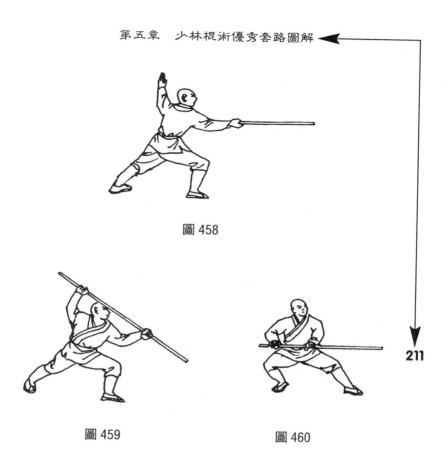

圖 458

圖 459

圖 460

51. 橫撐勢（457）

低棍不遮橫硬撐，圍外掃足亦掌住。

52. 單打手勢（圖458）

倒手打退棍，接著陰陽手。

53. 鎖口槍勢（圖459）

攔槽提下槍，鎖口封上手。

54. 鐵扇緊關門勢（圖460）

鐵扇略似抱瑟琶，用稍順步提捉進。

十一、少林六合棍

（一）歌譜及動作順序

少林六合棍是少林棍術中最優秀的套路之一，據《少林棍譜》記載：少林六合棍約起源於元末明初，由少林寺燒火僧，緊那羅和尚所傳，盛行於明代，發展於明末清初，流傳至今。

少林六合棍的技法特點是：攻猛退疾，劈打如雷，上善打頭，下善掃潑，中善戳刺，尋機穿喉，橫則破膝，斜搗腳面和攔打腰腹等招法。另外挑棍如炮散花，掄棍如雷夾閃，都是六合棍的獨特風格。

1. 歌　譜

六合棍法緊那傳，出棍如同虎下山，
劈打如雷行如電，水潑難濕俠士衫，
戳刺穿搗撥撩掃，招招勢勢一剎間，
萬夫難擋一棍勇，六合棍法妙如仙，
棍梢戴矛亦稱槍，六合槍法乃此傳。

2. 動作順序

起　勢

1. 甲泰山壓頂，乙向外撥棍；
2. 甲鳳凰點頭，乙托杆擺柳；
3. 甲上步挑棍，乙向外撥棍；
4. 甲向下壓棍，乙攔棍打膝；
5. 乙上步掃風，甲縱身躲棍；
6. 甲飛箭穿月，乙退步棚架；

7. 甲翻棍掃落葉，乙撐杆起跳躲；

8. 乙鴻雁展翅，甲退步棚架；

9. 乙上步穿棱，甲轉身撥抵；

10. 甲乙轉托棍走；

11. 甲轉身打頭，乙轉身撥棍；

12. 甲上步搗膝，乙退步撥棍；

13. 甲上步卸胯，乙退步轉身擋；

14. 甲向下劈打，乙轉身絞棍；

15. 乙跳步打頭，甲收步撥架；

16. 乙劈棍橫掃，甲撐杆跳躲；

17. 甲進步戳棍，乙斜身撥棍；

18. 甲上步戳膝，乙插樁擋棍；

19. 乙上步戳面，甲退步格棍；

20. 乙力劈華山，甲退步撥擋；

21. 乙上步中下刺，甲獨立撥撩棍；

22. 甲乙上步舞花棍；

23. 甲乙金雞獨立勢；

24. 甲上步戳膝，乙退步撥棍；

25. 甲向上挑棍，乙上撥雲霧；

26. 甲上步劈棍，乙閃身擋棍；

27. 甲上步戳陰，乙退步下格；

28. 甲震腳掃打，乙縱跳掄棍；

29. 甲上步壓頂，乙退步撥雲；

30. 甲馬步劈頭，乙閃身掃打；

31. 甲轉身風火棍，乙後跳步撥棍；

32. 乙跳步打頭，甲退步架棍；

33.乙戳棍通膝，甲提膝沉撥；

34.甲反棍戳腳，乙反把撥棍；

35.甲乙上步轉身舞花棍；

36.甲轉身劈頭，乙轉身撥棍；

37.甲上步中刺，乙轉身格棍；

38.甲上步戳膝，乙退步撩撥；

39.甲轉身穿槍，乙退步搗腕；

40.乙轉身掃腿，甲收腳格擋；

41.甲上步穿喉，乙退步撥槍；

42.甲轉身戳膝，乙馬步格牆；

43.甲轉身攔打，乙弓步撥棍；

44.甲翻身打頭，乙轉身架樑；

45.甲乙轉身劈棍；

46.甲乙霸王舉旗；

47.甲乙上步交鋒；

48.甲上步斷脛，乙提膝端棍；

49.甲跳步掃樁，乙轉身格擋；

50.甲踮步壓頂，乙馬步架樑；

51.甲上步搗腳，乙退步撥棍；

52.乙上步打頭，甲退步撥雲；

53.甲反手撩打，乙退步撥棍；

54.甲乙錯身上步端棍走；

55.甲乙轉身交鋒；

56.甲上步打頭，乙退步撥雲；

57.甲上步戳喉，乙退步格擋；

58.甲進步戳退，乙退步撥打；

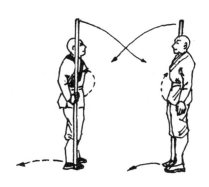

圖 461

59. 甲上步搗腳面，乙退步撩棍擋；

60. 甲上步挑月，乙退步撥雲霧；

61. 甲上步中平刺，乙退步招架勢；

62. 甲上步撥打，乙退步反撥；

63. 甲上步戳棍，乙提膝擋格；

64. 甲乙舞花端棍走，收勢。

（二）動作圖解

【第一合】

起　勢

甲乙：併步對面直立，右手握棍，左手五指併攏，附於大腿外側，掌心向裡，身胸挺直，目視對方。（圖461）

1. 甲泰山壓頂，乙向外撥棍

甲：右腳前上一步，右腿屈膝，左腿蹬直，兩腿成右弓步，同時右手提棍由右向左掄舞花，左手接棍，兩手握棍向前上方劈打，目視前方。

圖 462

圖 463

乙：右腳向後退一步，兩腿成左弓步，同時兩手托棍向前由向右撥甲棍體，目視對方。（圖 462）

2. 甲鳳凰點頭，乙托杆擺柳

甲：兩腳碾地，體左轉 45°，兩手握棍，由上向下劈打乙左腳。

乙：兩腳碾地，體稍向右轉，兩腿半蹲，兩腿成弓步，同時兩手托棍，由右向左撥棍，目視甲棍。（圖 463）

圖 464

圖 465

3. 甲上步挑棍，乙向外撥棍

甲：右弓步不變，兩手托棍由下向上猛挑；

乙：雙手握棍向上向外撥棍，目視對方。（圖 464）

4. 甲向下壓棍，乙攔棍打膝

甲：兩手握棍由右向左撥，然後用力向下壓；

乙：兩手持棍由左向右攔打對方右膝，目視對方。（圖 465）

圖 466

圖 467

5. 乙上步掃風，甲縱身躲棍

乙：右手向下滑把，兩手握棍，由左向右翻棍，然後由右向左掃打對方足踝；

甲：速縱身跳起，兩手收棍向右輪，目視對方。（圖466）

6. 甲飛箭穿月，乙退步棚架

甲：兩腳前落，成右弓步，同時兩手托棍隨身勢向前上方戳棍；

圖 468

乙：速兩腳向後跳一步，兩腿成左弓步，同時兩手向上移把，兩手握棍，向前上方橫棍棚架，目視對方。（圖467）

7. 甲翻棍掃落葉，乙撐杆起跳躲

甲：兩手握棍由左向右翻，然後由右向左向下橫掃對方兩足踝部。

乙：兩手向上滑把，兩手握棍向後撐杆起跳射棍，目視對方。（圖468）

8. 乙鴻雁展翅，甲退步棚架

乙：兩腳向前落成右弓步，同時左手脫把向後展臂撩掌，右手持棍向前戳刺對方頭部。

甲：兩腳速退成右弓步，同時兩手移把端棍舉臂向前上方棚架，目視對方。（圖469）

9. 乙上步穿棱，甲轉身撥抵

乙：左腳向前上一步，同時兩手端棍由右向左前方穿戳對方胸部。

甲：兩腳碾地，體左轉90°，同時兩手倒把，握棍向後

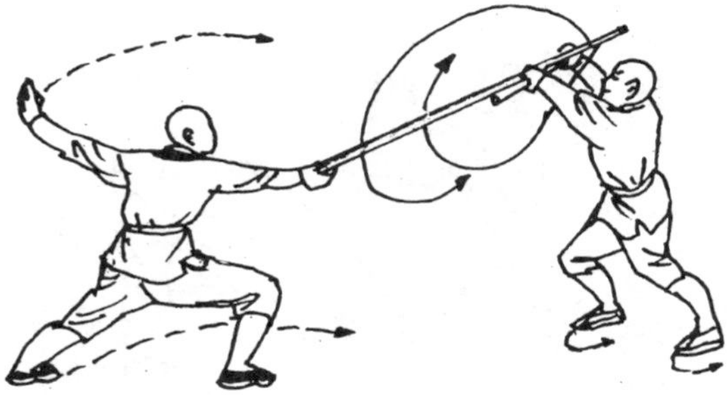

圖 469

圖 470

撥抵對方犯棍，目視對方。（圖 470）

　　10. 甲乙轉身托棍走

　　甲：體左轉 90°，右腳前上一步，乙體右轉 180°，前上兩步，各成右弓步，同時各自移把掄舞花，然後調把托棍，目視前方。（圖 471）

　　11. 甲轉身打頭，乙轉身撥棍

　　甲：左腳向前上一步，兩腳碾地，體右轉 180°，兩腿成右弓步，同時棍身掄兩個舞花，然後左手滑把，兩手握棍

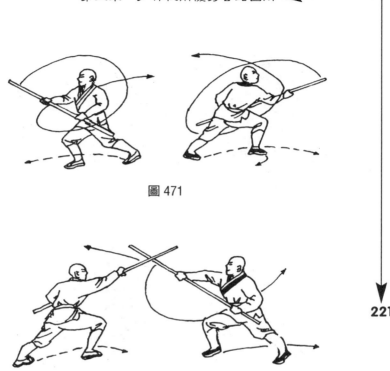

圖 471

圖 472

向前上方猛打對方頭部。

　　乙：左腳向前上一步，兩腳碾地，體右轉180°，同時，隨身掄兩個舞花，然後兩手握棍，向前上方由右向左撥對方犯棍，目視對方。（圖472）

　　12. 甲上步搗膝，乙退步撥棍

　　甲：左腳前上一步，兩腿成左弓步同時掄半舞花，然後換把向前下方搗對方膝部。

　　乙：左腳向後退一步，同時兩手倒把，握棍向前下方由

圖 473

圖 474

右向左撥甲方犯棍，目視對方。（圖473）

13. 甲上戳卸胯，乙退步轉身擋

甲：抬右腳前上一步，兩腿成右弓步，同時兩手握棍向前穿戳。

乙：左腳後退一步，兩腿碾地，體左轉，同時掄半舞花然後兩手握棍，向右側橫攔擋，目視對方。（圖474）

14. 甲向下劈打，乙轉身絞棍

甲：兩腳不動，掄半舞花，然後兩手握棍向下劈打。

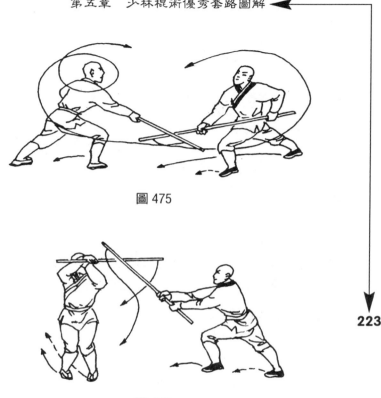

圖 475

圖 476

乙：兩腳碾地，體右轉 90°，右腳後退一步，兩腿成左弓步，同時兩手調把掄兩舞花，然後兩手握棍，向前下方由右向左撥棍，目視對方。（圖 475）

15. 乙跳步打頭，甲收步撥架

乙：兩腳前跳一步，落成右弓步，同時兩手向下滑把，兩手握棍向前上方打對方頭部。

甲：速收右腳右轉身跳步，同時兩手向下滑把，兩手握棍，隨身繞頭掄打一圈，然後撥擋對方來犯之棍，目視對

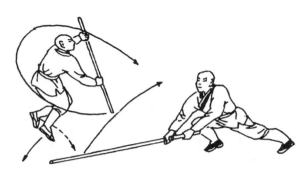

圖477

方。（圖476）

16. 乙劈棍橫掃，甲撐杆跳躲

乙：速兩腳起跳、落地成左仆步，同時兩手握棍，由上向下由右向左劈掃。

甲：兩手向前豎棍撐杆，兩足向上縱跳躲棍，目視對方。（圖477）

17. 甲進步戳棍，乙斜身撥棍

甲：兩腳前落一步，體稍向右轉，兩腿成左弓步，同時兩手倒把，向前上方戳棍。

乙：兩腳碾地，體左轉90°，上體向左側傾斜，同時兩手移把，向右後上方撥棍，目視對方。（圖478）

18. 甲上步戳膝，乙插椿擋棍

甲：右腳前上一步，兩腿成右弓步，同時，兩手握棍向前下方戳擊。

乙：右腳前上一步，兩腳碾地，體左轉90°，兩腿成馬步，同時兩手換把，掄半舞花，然後向身左側豎棍，擋住對方犯棍，目視對方。（圖479）

圖 478

圖 479

19. 乙上步戳面，甲退步格棍

乙：兩腳碾地，體左轉 90°，右腳前上一步，兩腿成右弓步，同時兩手倒把，向前微上方戳擊對方面部。

甲：右腳後退一步，兩腿成左弓步，同時兩手握棍向前格擋對方犯棍，目視對方。（圖 480）

20. 乙力劈華山，甲退步撥擋

乙：兩腳不動，兩手握棍由上向下猛劈。

甲：左腳後退一步，兩腿成右弓步，同時兩手握棍，向

圖 480

圖 481

前下方由左向右撥擋對方犯棍，目視對方。（圖 481）

21. 乙上步中下刺，甲獨立撥撩棍

乙：左腳前上一步，兩腿成左弓步，同時兩手換把，向前微下方刺棍。

甲：右腳後退一步，左腿提膝，同時兩手調把向前撥對方來犯之棍，目視對方。（圖 482）

22. 甲乙上步舞花棍

甲：左腿向前落一步，向前連走四步，邊走邊掄舞花。

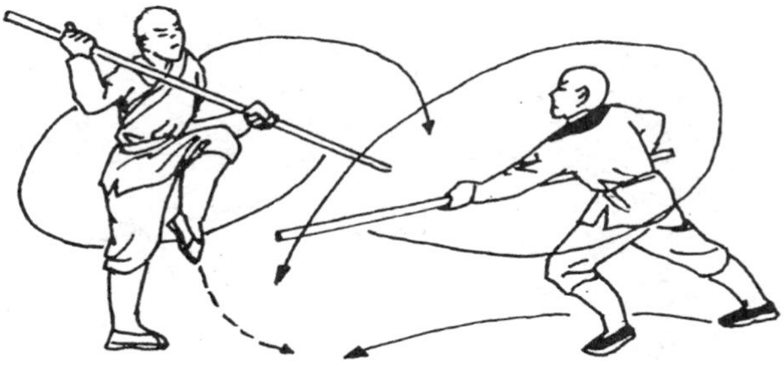

圖 482

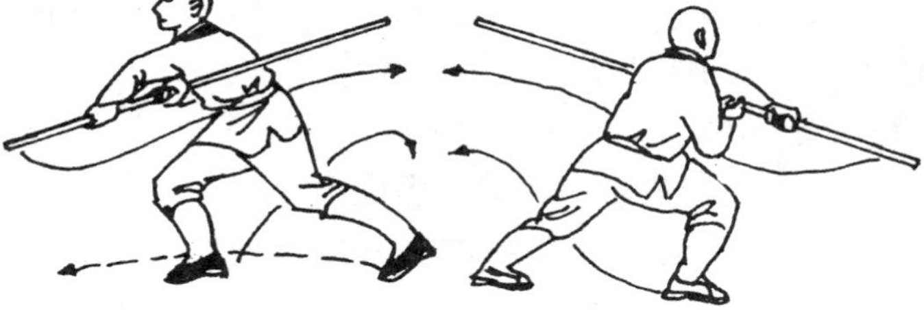

圖 483

乙：向前連走五步，邊走邊掄舞花。（圖 483）

23. 甲乙金雞獨立勢

甲：兩腳碾地，體左轉 180°，右腿提膝，同時掄兩個舞花，然後倒把托棍，目視對方。

乙：左腳向前上一步，兩腳碾地，體右轉 180°，左腿提膝，同時掄兩個舞花，然後倒把托棍，目視對方。（圖 484）

圖 484

【第二合】（乙攻甲防）

即按照第一合的第 23 勢動作，乙做攻勢甲做防勢，其動作路線、動作技法全同第一合。

【第三合】（甲攻乙防）

228

24. 甲上步戳膝，乙退步撥棍

甲：接上勢，左腳向前落一步，右腳前上一步，成右弓步，同時掄兩個舞花，然後向後滑把，兩手握棍向前戳對方膝部。

乙：接上勢，右腳前落一步，兩腿成右弓步，同時掄兩個舞花，然後兩手握棍向前由右向左撥打，目視對方。（圖485）

25. 甲向上挑棍，乙上撥雲霧

甲：兩腳不動，兩手持棍由下向上猛挑；

乙：右弓步不變，兩手握棍由右向左向上撥棍，目視對方棍梢。（圖486）

26. 甲上步劈棍，乙閃身擋棍

甲：左腳前上一步，兩腿成左弓步，同時兩手倒把向下

圖 485

圖 486

猛劈；

　　乙：兩腳不動，先上體向後閃身，同時兩手向上滑把，掄半舞花，然後用棍由右向左撥擋對方棍端，目視對方。（圖 487）

　　27. 甲上步戳陰，乙退步下格

　　甲：右腳前上一步，兩腿成右弓步，同時兩手倒把，端棍向前伏身戳對方陰部；

　　乙：右腳後退一步，成右虛步，同時掄舞花，然後上體

圖 487

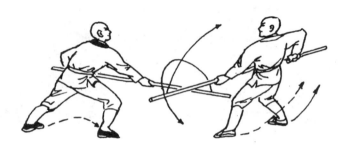

圖 488

右轉，握棍由右向左撥格，目視對方。（圖488）

28. 甲震腳掃打，乙縱跳掄棍

甲：左腳向前上一步，震腳，與右腳成併步，同時換把，兩手握棍由右向左溜地掃打；

乙：兩腳起跳，向上縱身避棍，同時掄棍欲打。（圖489）

29. 甲上步壓頂，乙退步撥雲

甲：右腳前上一步，兩腿成右弓步，同時兩手換把握，

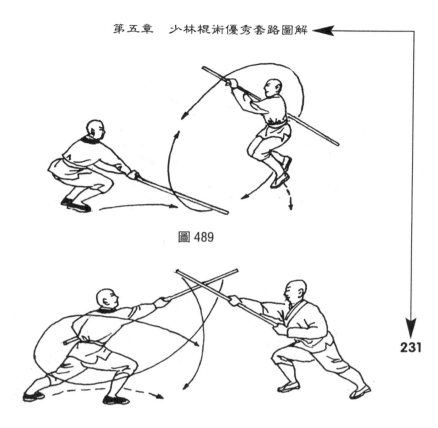

圖489

圖490

向前上方往下打；

　　乙：兩腳後落一步，兩腿成右弓步，同時掄半舞花，兩手握棍向前上方由左向右撥棍，目視對方。（圖490）

　　30.甲馬步劈頭，乙閃身掃打

　　甲：左腳向前進一步，兩腿屈膝成馬步，同時掄半舞花，然後握棍由上向前下方猛劈。

　　乙：兩腳不動，上體向後閃躲，同時挑棍，然後向下由右向左掃打，目視對方。（圖491）

圖 491

圖 492

31. 甲轉身風火棍，乙後跳步撥棍

甲：兩腳碾地，體左轉 90°，右腳前上一步，兩腿成右弓步，同時倒把掄舞花，然後握棍由右向左上方扇打；

乙：兩腳後跳一步，兩腿成右弓步，同時兩手握棍向前由右向左撥棍。（圖 492）

32. 乙跳步打頭，甲退步架棍

乙：兩腳前跳一步，右腳落左腳前，兩腿成右弓步，同時掄舞花，然後兩手握棍向前上方猛打；

圖 493

圖 494

甲：右腳後退一步，兩腿成左弓步，同時兩手移把，端棍向前上方架擋。（圖 493）

33. 乙戳棍通膝，甲提膝沉撥

乙：兩腳前跳一步，兩腿成右弓步，掄舞花，然後托棍向前下方戳對方膝部；

甲：左腳向後退一步，右腳速提膝避棍，同時滑把沉棍撥格，目視對方。（圖 494）

圖 495

圖 496

34. 甲反棍戳腳，乙反把撥棍

甲：右腳前落一步，兩腿成右弓步，同時兩手握棍向前下方戳對方腳面；

乙：兩腳不動，反把握棍沉臂向前下方由右向左撥棍。（圖495）

35. 甲乙上步轉身舞花棍

甲：乙各先左腳前上一步，後右腳前上一步，又再左腳前上一步，同時邊上步邊掄舞花。（圖496）

圖 497

36. 甲轉身劈頭，乙轉身撥棍

甲：兩腳碾地，體右轉 180°，兩腿成右弓步，同時左右掄舞花，然後移把向前上方劈打；

乙：兩腳碾地，體右轉 180°，兩腿成右弓步，同時左右掄舞花，然後移把，向前上由右向左撥棍，目視對方。（圖 497）

235

37. 甲上步中刺，乙轉身格棍

甲：左腳前上一步，兩腿成左弓步，同時兩手倒把，向前平戳；

乙：右腳後退一步，兩腳碾地，體右轉 90°，同時兩手倒把，豎棍縱格。（圖 498）

38. 甲上步戳膝，乙退步撩撥

甲：右腳前上一步，兩腿成右弓步，同時兩手倒把，向前下方戳；

乙：左腳移於右腳後外側一步，兩腳碾地，體左轉 90°，兩腿成右弓步，同時掄半舞花，然後滑把由左向下撩撥。（圖 499）

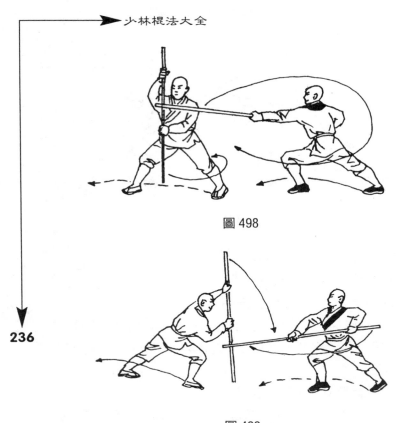

圖 498

圖 499

39. 甲轉身穿槍，乙退步搗腕

甲：左腳前上一步，兩腿成左弓步，同時兩手倒把，向前微下方刺棍；

乙：左腳後退一步，兩腳碾地，兩腿成左弓步，同時掄半舞花，然後兩手倒把向前中下刺，搗對方左手腕。（圖500）

40. 乙轉身掃腿，甲收腳格擋

乙：兩腳碾地，體左轉45°，同時兩手倒把，握棍向前

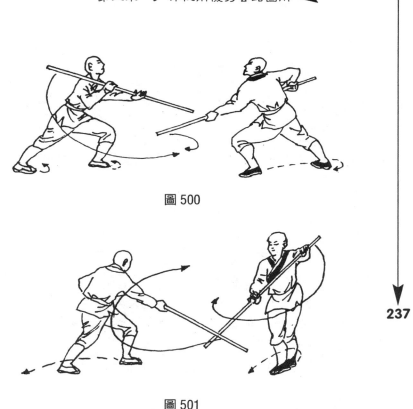

圖 500

圖 501

下方由右向左掃打；

　　甲：收左腳向後退半步，落右腳後，體左轉 90°，兩腿成半步，同時兩手倒把，握棍向右側下方由右向左格棍。（圖 501）

41. 甲上步穿喉，乙退步撥槍

　　甲：兩腳碾地，體右轉 90°，左腳前上一步，體繼續右轉，兩腿半蹲成馬步，同時倒把托棍向左側穿刺對方咽喉；

　　乙：左腳後退一步，兩腿成右弓步，同時掄舞花，然後反

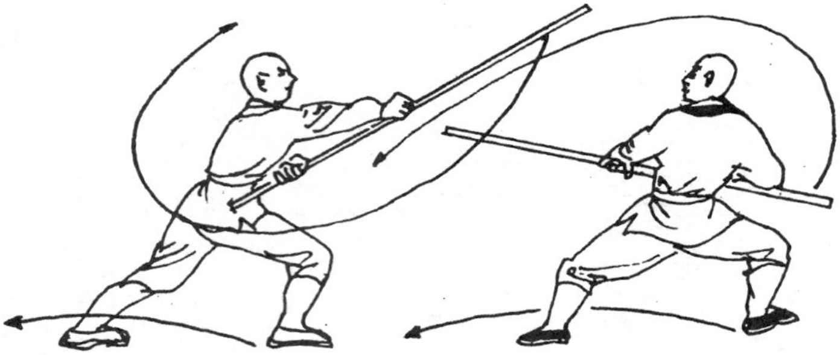

圖 502

圖 503

把撥對方來犯之招。（圖502）

42. 甲轉身戳膝，乙馬步格牆

甲：兩腳碾地，體左轉90°，右腳前上一步，兩腿成右弓步，同時掄舞花，兩手倒把，握棍向前中平刺；

乙：右腳後退一步，兩腳碾地，體右轉90°，兩腿屈膝，半蹲成馬步，同時掄半舞花，然後倒把豎棍縱格。（圖503）

圖 504

43. 甲轉身攔打，乙弓步撥棍

甲：兩腳原地踮跳向左翻轉 180°，落地成馬步，同時掄舞花，然後兩手握棍由後向前攔打；

乙：兩腳碾地，體左轉 90°，兩腿成左弓步，同時掄舞花，然後滑把握棍向前由左向右撥打，目視對方棍梢。（圖504）

44. 甲翻身打頭，乙轉身架樑

甲：兩腳向左轉體跳步，兩腳成馬步，同時兩手倒把，握棍向右側上方劈打對方頭部。

乙：兩腳跳步左轉體，兩腿成馬步，同時兩手滑把，握棍向上橫架擋住。（圖 505）

45. 甲乙轉身劈棍

甲乙各自兩腳碾地，體右轉 90°，向前連上三步，兩腿成左弓步，同時兩手滑把掄兩個舞花，然後向前下方劈棍。（圖 506）

46. 甲乙霸王舉旗

甲乙各自右腳前上一步，兩腳碾地，體左轉 180°，右

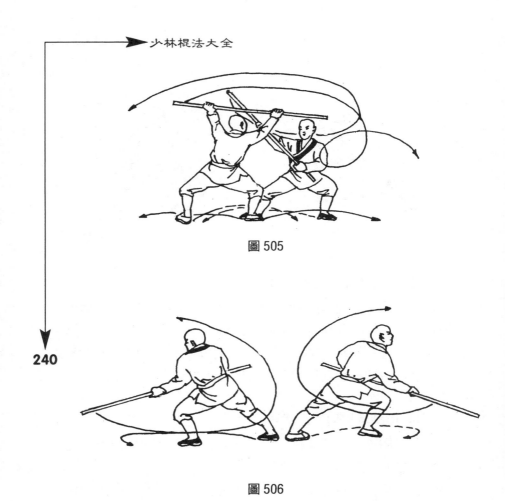

圖 505

圖 506

腳向前半步，震腳（響亮），與左腳成併步，同時棍掄舞花，然後隨身向後前舉棍，棍梢向上，目視對方。（圖507）

【第四合】（乙攻甲防）

即依照上述動作，乙攻甲防，乙做甲的動作，甲做乙的動作。

圖 507

圖 508

【第五合】（甲攻乙防）

47. 甲乙上步交鋒

甲乙各右腳前上一步，兩腿成右弓步，同時掄舞花，然後兩手滑把，握棍向下方交棍，目視對方。（圖 508）

48. 甲上步斷脛，乙提膝端棍

甲：左腳前上一步，兩腿屈膝半蹲成馬步，同時掄半舞花，然後兩手滑把，向左側前下方戳棍；

乙：抬右腿提膝躲棍，同時兩手移把端棍，目視對方。

圖 509

圖 510

（圖 509）

49. 甲跳步掃樁，乙轉身格擋

甲：兩腳前跳一步，右腳落左腳前，成右弓步，同時兩手握棍由右向左掃打；

乙：右腳後落一步，兩腿成左弓步，同時掄舞花，然後滑把握棍由右向左格擋。（圖 510）

50. 甲踮步壓頂，乙馬步架樑

甲：兩腳向前踮跳一步，右腳落在腳前，兩腿成右弓步，同時掄半舞花，然後兩手托棍向前劈打；

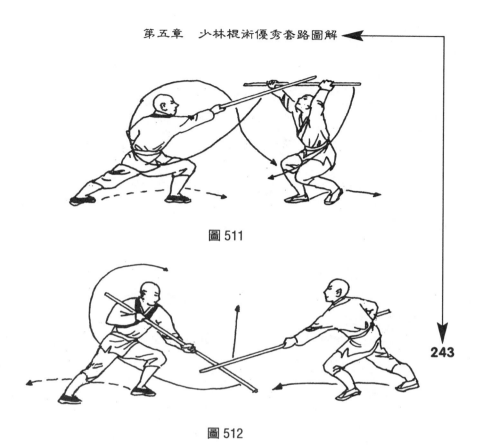

圖 511

圖 512

　　乙：速抬左腳後退一步，落於右腳左側一步，兩腿半蹲成馬步，同時掄半舞花，然後兩手移把向前上方橫架擋犯。（圖 511）

51. 甲上步搗腳，乙退步撥棍

　　甲：左腳前上一步，兩腿成左弓步，同時掄舞花，然後端棍向前下方搗擊；

　　乙：右腿後退一步，兩腿成左弓步，同時掄舞花，然後兩手握棍向前下方由右向左撥棍，目視對方。（圖 512）

圖 513

52. 乙上步打頭，甲退步撥雲

乙：右腳前上一步，兩腿成右弓步，同時掄半舞花，然後向下劈打；

甲：上步舞花，轉身然後兩手倒把向前上方撥棍，目視對方。（圖 513）

53. 甲反手撩打，乙退步撥棍

甲：兩腳不動，掄半舞花，然後反把由內向外撩打；

乙：左腳前上一步，兩腿成左弓步，同時兩手向內移把，握棍由右向左撥棍。（圖 514）

54. 甲乙錯身上步端棍走

甲乙錯身，各向前連上四步，左腳在前成虛步，同時左右掄舞花，形成虛步後兩手倒把端棍，兩腿半蹲，目視前方。（圖 515）

55. 甲乙轉身交鋒

甲乙各左腳後退一步，兩腳碾地，體左轉 180°，再上右腳，兩腿成右弓步，同時掄舞花，轉身後兩手倒把，向下方戳梢，目視對方。（圖 516）

圖 514

圖 515

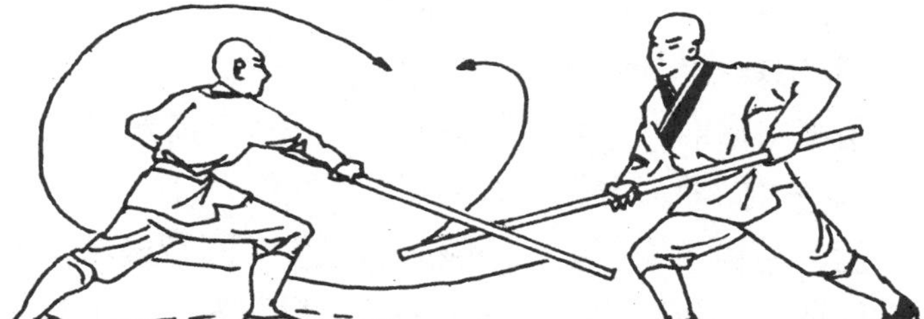

圖 516

圖 517

56. 甲上步打頭，乙退步撥雲

甲：抬左腳前上一步，震腳，與右腳成併步，同時兩手滑把握棍，向前上方劈打；

乙：右腳後退一步，與左腳成併步，同時兩手握棍向前上方由右向左撥格。（圖517）

57. 甲上步戳喉，乙退步格擋

甲：左腳前上一步，兩腿成左弓步，同時掄半舞花，兩手倒把，握棍向前上方劈打；

乙：右腳後退一步，兩腿成左弓步，同時半舞花，兩手倒把，握棍向前上方由右向左撥棍。（圖518）

58. 甲進步戳退，乙退步撥打

甲：右腳前上一步，兩腿成右弓步，同時掄舞花，然後兩手倒把，向前下方戳對方小腿；

乙：左腳後退一步，兩腿成右弓步，同時掄舞花，然後兩手倒把，向前下方由左向右撥棍，目視對方。（圖519）

59. 甲上步搗腳面，乙退步撩棍擋

甲：左腳前上一步，兩腿成左弓步，同時兩手倒把向前

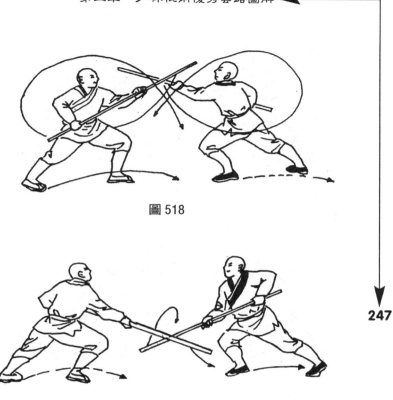

圖 518

圖 519

由上往下搗對方腳面；

　　乙：右腳後退一步，兩腿成左弓步，同時兩手倒把向前下方由右向左撩棍。（圖 520）

　　60. 甲上步挑月，乙退步撥雲霧

　　甲：右腳前上一步，兩腿成右弓步，同時掄舞花，然後換把向前上方戳；

　　乙：左腳後退一步，兩腿成右弓步，同時掄半舞花，然

圖 520

圖 521

後兩手倒把前上方由右向左撥棍，目視對方。（圖 521）

61. 甲上步中平刺，乙退步招架勢

甲：左腳前上一步，兩腿成左弓步，同時掄半舞花，然後倒把向前平刺；

乙：兩腳急向後撤一步，體左轉，兩腿成馬步，同時兩手滑把握棍以待，目視對方。（圖 522）

62. 甲上步撥打，乙退步反撥

甲：右腳前上一步，兩腿成右弓步，同時掄舞花，然後

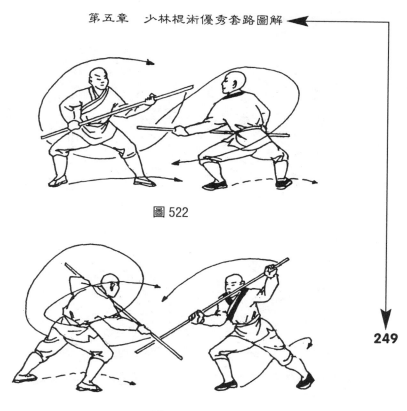

圖 522

圖 523

兩手移把向前下方由內向外撥打；

　　乙：上體左轉，左腳後退一步，兩腿成右弓步，同時掄半舞花，然後兩手倒把向前下方由左向右撩撥，目視對方。（圖 523）

63. 甲上步戳棍，乙提膝擋格

　　甲：抬左腳前上一步，兩腿成左弓步，同時掄全舞花，然後換把托棍向前猛戳；

　　乙：右腿速提膝向後移身躲棍，同時掄半舞花，然後倒

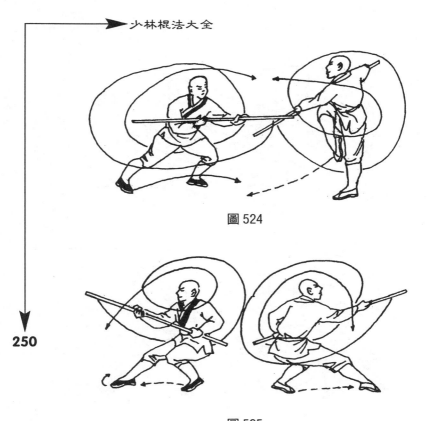

圖 524

圖 525

把握棍向前撥打。（圖 524）

　　64. 甲乙錯身舞花端棍走

　　甲乙錯身各向前連上三步，右腳落左腳前，兩腿成右虛步，同時左右掄舞花，然後兩手端棍，兩腿半蹲，目視前方。（圖 525）

　　收　勢

　　甲乙各自右腳踏實（乙左腳向前上一步），兩腳碾地，向對方轉體 180°，（甲上右腳，乙上左腳）兩腿成併步，

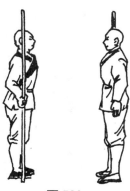

圖 526

同時掄舞花，收棍，豎立右側，左掌畫弧，然後垂臂，附於
大腿外側，身胸挺直，目視對方。（圖 526）

十二、少林俞家棍

251

（一）歌訣及動作順序

　　少林俞家棍於明代傳入嵩山少林寺，是明代水軍督都俞
通海將軍的家傳棍法。

　　據《少林寺武僧譜》記載：智善神師精其棍術，他不僅
全盤繼承了俞家棍法，而且還把俞家棍之精華融合在少林六
合棍術之中，在實踐中不斷改進，創編成《少林俞家棍跋》
和《少林俞家棍三十二技法》等，為發展少林棍術起了很大
的作用。

　　1. 歌　訣

　　　　俞家棍訣，通海師傳，

　　　　少林眾僧，如獲寶鑒，

　　畫夜勁練，陪日月轉，

　　得眞訣者，獨有智善。

俞家棍功訣一：

　　陰陽要轉，兩手要直，

　　前腿要曲，後腿要直，

　　一打一揭，遍身著力，

　　步步前進，天下無敵。

俞家棍功訣二：

　　中直八剛十二柔，上刺下滾分左右。

　　打殺高低左右摟，手動足進參互就。

　　剛在他人前，柔在他人後，

　　彼忙我靜待，知拍任君鬥。

俞家棍功訣三：

　　視不能如前，生疏莫臨敵。

　　後手須用勁，遍身俱有力。

　　動時把須固，一發皆深入。

　　打前急進攻，後發勝先實。

　　步步俱要進，時時俱取直。

　　更要使陰法，囑君牢記下。

俞家棍功訣四：

　　習步法者起中平勢、推、牽者、遍身殺。丁字步回殺，施手進五步殺，跳退三步復原位，直打直跳，再做五步殺。腰刀挑打，滴水散花，跳退三步復原位進打，穿後車馬前雞啄，再進三步殺。馬前進草三步殺，跳退原位打沉，讓他先起，我穿後手再抽回。吊剪抽回，三腳併進五步，火勢起棍走，殺進。小門趁棍走，進直符殺洗，倒頭，直打，直膝

蓋，打殺擺腰進三步。剪殺跳勢退原位。

他打來我打去，破直殺有七，一步閃腰，二步折腰，一步滾勢，二步流水，他直步打來，我坐腳過來，他平直殺來，我速折後法大剪殺，他棍開或施沉法，我施二龍爭珠殺。凡於打鼓來洗勢，靈用後手功夫奇，他用手輕過技殺，我用棍尾掃搗把。他手前一尺打中間，我疾步直當側攻擊，他直高打來，我對胸殺去。他高攔打下，我用陰陽法。

他起高棍我猛進，他打半棍我進殺。他施雞啄勢，我速起凶棍。

兩棍相交，他施抽伏勢，我變大剪勢去殺。

兩棍打殺，心距一尺，雙眼如龍觀對方，認準對方何棍槍，勇猛進殺莫恍惚，隨機應變對招變，七十二變一剎間。

全法總要訣為八字：乘他「舊力略過，新力未發」，我即尋機得技而入，乃是我扼他，等弱環節之秘旨也。

「響而啟進，進而後響」，分別明白，此乃吾少林俞家棍之真技也。

2. 動作順序

1. 大擋勢	6. 大吊勢	11. 下穿勢
2. 大剪勢	7. 肩齊殺勢	12. 閃腰剪勢
3. 仙人盤棒	8. 走馬回頭勢	13. 下按勢
4. 滴水勢	9. 上梯勢	14. 扁習大棒勢
5. 直符醫書	10. 倒頭勢	

（二）動作圖解

1. 大擋勢（圖527）

他托大棒衝，驟來山壓頂，

圖 527

圖 528

我上弓步勢，大擋隔妖風。

2. 大剪勢（圖 528）

他虎力壓下，扭絲折棍法，

我小舞花折，反把大剪花。

3. 仙人盤棒（圖 529）

他躍步仆來，架棒疾來採，

我速跳退後，纏盤折基臺。

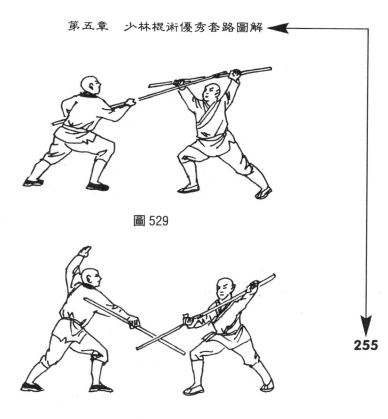

圖 529

圖 530

4. 滴水勢（圖 530）

　　　他舉棍臨下，妄想泄陰花，

　　　我如脫纏馬，擺梢疾下殺。

5. 直符醫書（圖 531）

　　　他平棍穿梭，直入胸腕口。

　　　我緊握棒槍，巧取魔腕窩。

6. 大吊勢（圖 532）

　　　他拉石沉海，懸吊脫階臺，

圖 531

圖 532

我揮棒沉浮，勁挑挽臂塞。

7. 肩齊殺勢（圖 533）

他舉臂橫棍，躍步犯進殺，

我施呂布戟，直取妖胯跡。

8. 走馬回頭勢（圖 534）

他假敗陣走，我送鬼打揪，

他殺回馬槍，我側閃避頭。

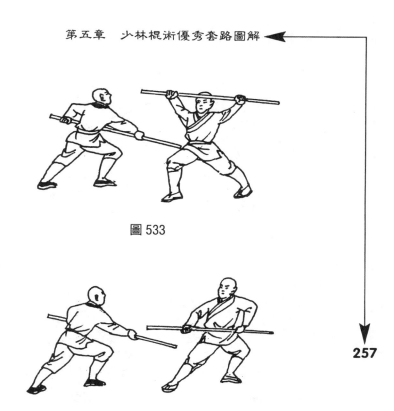

圖 533

圖 534

9.　**上梯勢**（圖 535）

　　　他躍步通月，棍戳天漏雨，

　　　我抬足攀高，上梯開漏底。

10.　**倒頭勢**（圖 536）

　　　他沉臂降龍，疾搗小脛中。

　　　我施雞啄食，倒頭吞妖精。

11.　**下穿勢**（圖 537）

　　　我舉棒壓頂，他施下穿龍。

圖 535

圖 536

圖 537

圖 538

圖 539

　　疾退一丈遠，再施攔腰風。

12. 閃腰剪勢（圖 538 ）

　　他蹻步攻來，巧施閃腰剪。

　　我退步滑把，閃打必近前。

13. 下按勢（圖 539 ）

　　他握棍穿陰，死盯茄核心。

　　我反把托棒，沉棍下壓緊。

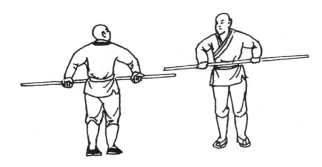

圖 540

14. 扁習大棒勢（圖540）

　　他橫踮棍進，偷施箭穿心。

　　我轉身閃躲，攔腰打對門。

大展出版社有限公司
品冠文化出版社

圖書目錄

地址：台北市北投區(石牌)　　電話：(02) 28236031
　　　致遠一路二段 12 巷 1 號　　　　　28236033
郵撥：01669551＜大展＞　　　　　　　28233123
　　　19346241＜品冠＞　　　傳真：(02) 28272069

・少 年 偵 探・ 品冠編號 66

1.	怪盜二十面相	（精）	江戶川亂步著	特價 189 元
2.	少年偵探團	（精）	江戶川亂步著	特價 189 元
3.	妖怪博士	（精）	江戶川亂步著	特價 189 元
4.	大金塊	（精）	江戶川亂步著	特價 230 元
5.	青銅魔人	（精）	江戶川亂步著	特價 230 元
6.	地底魔術王	（精）	江戶川亂步著	特價 230 元
7.	透明怪人	（精）	江戶川亂步著	特價 230 元
8.	怪人四十面相	（精）	江戶川亂步著	特價 230 元
9.	宇宙怪人	（精）	江戶川亂步著	特價 230 元
10.	恐怖的鐵塔王國	（精）	江戶川亂步著	特價 230 元
11.	灰色巨人	（精）	江戶川亂步著	特價 230 元
12.	海底魔術師	（精）	江戶川亂步著	特價 230 元
13.	黃金豹	（精）	江戶川亂步著	特價 230 元
14.	魔法博士	（精）	江戶川亂步著	特價 230 元
15.	馬戲怪人	（精）	江戶川亂步著	特價 230 元
16.	魔人銅鑼	（精）	江戶川亂步著	特價 230 元
17.	魔法人偶	（精）	江戶川亂步著	特價 230 元
18.	奇面城的秘密	（精）	江戶川亂步著	特價 230 元
19.	夜光人	（精）	江戶川亂步著	特價 230 元
20.	塔上的魔術師	（精）	江戶川亂步著	特價 230 元
21.	鐵人Q	（精）	江戶川亂步著	特價 230 元
22.	假面恐怖王	（精）	江戶川亂步著	特價 230 元
23.	電人M	（精）	江戶川亂步著	特價 230 元
24.	二十面相的詛咒	（精）	江戶川亂步著	特價 230 元
25.	飛天二十面相	（精）	江戶川亂步著	特價 230 元
26.	黃金怪獸	（精）	江戶川亂步著	特價 230 元

・生 活 廣 場・ 品冠編號 61

1.	366 天誕生星	李芳黛譯	280 元
2.	366 天誕生花與誕生石	李芳黛譯	280 元
3.	科學命相	淺野八郎著	220 元

・女醫師系列・ 品冠編號 62

・傳統民俗療法・ 品冠編號 63

・常見病藥膳調養叢書・ 品冠編號 631

3

·青 春 天 地· 大展編號 17

歡迎至本公司購買書籍

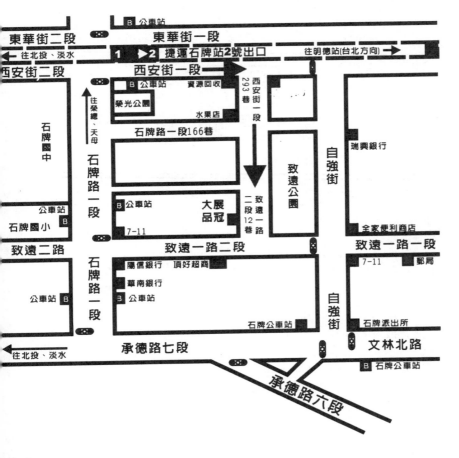

議路線
.搭乘捷運‧公車
　　淡水線石牌站下車，由石牌捷運站2號出口出站(出站後靠右邊)，沿著捷運高架往台北方向走(往
德站方向)，其街名為西安街，約走100公尺(勿超過紅綠燈)，由西安街一段293巷進來(巷口有一公
站牌，站名為自強街口)，本公司位於致遠公園對面。搭公車者請於石牌站(石牌派出所)下車，走進
強街，遇致遠路口左轉，右手邊第一條巷子即為本社位置。

.自行開車或騎車
　　由承德路接石牌路，看到陽信銀行右轉，此條即為致遠一路二段，在遇到自強街(紅綠燈)前的巷
(致遠公園)左轉，即可看到本公司招牌。

國家圖書館出版品預行編目資料

少林棍法大全 ／ 德虔　德炎　編著
——初版，——臺北市，大展，2003〔民92.10〕
面；21公分 ——（少林功夫；7）
ISBN 978－957－468－245－4（平裝）

1.武術—中國
528.974　　　　　　　　　　　　　92012537

少林棍法大全

編 著 者／德虔　德炎
責任編輯／佟　　暉
發 行 人／蔡森明
出 版 者／大展出版社有限公司
社　　址／台北市北投區（石牌）致遠一路2段12巷1號
電　　話／（02）28236031・28236033・28233123
傳　　眞／（02）28272069
郵政劃撥／01669551
網　　址／www.dah-jaan.com.tw
E－mail／service@dah-jaan.com.tw
登 記 證／局版臺業字第2171號
承 印 者／傳興印刷有限公司
裝　　訂／眾友裝訂企業公司
排 版 者／弘益電腦排版有限公司
授 權 者／北京體育大學出版社
初版1刷／2003年（民 92年）10月
初版2刷／2012年（民101年） 9月

定價／250元

大展好書　好書大展

品嘗好書　冠群可期

大展好書　好書大展
品嘗好書　冠群可期

大展好書　好書大展
品嘗好書　冠群可期